LES « FALLACIES » D'UN CHANGEMENT CONSTITUTIONNEL EN RÉPUBLIQUE DÉMOCRATIQUE DU CONGO

Préface de Auguste MAMPUYA KANUNK'a-TSHIABO

Postface de BALINGENE KAHOMBO

Paulin PUNGA KUMAKINGA

LES « FALLACIES » D'UN CHANGEMENT CONSTITUTIONNEL EN RÉPUBLIQUE DÉMOCRATIQUE DU CONGO

Préface de Auguste MAMPUYA KANUNK'a-TSHIABO

Postface de BALINGENE KAHOMBO

L'Harmattan

5-7, rue de l'École-Polytechnique ; 75005 Paris

www.editions-harmattan.fr

ISBN : 978-2-336-51442-0
EAN : 9782336514420

Sigles et acronymes

BM	:	Banque Mondiale
CENI	:	Commission Electorale Nationale Indépendante
CLC	:	Comité Laïc de Coordination
CNDHC	:	Campagne Nationale des Droits de l'Homme au Congo
CNP	:	Caisse Nationale de Péréquation
CNS	:	Conférence Nationale Souveraine
CREEDA	:	Centre de Recherches et d'Etudes sur l'Etat de droit en Afrique
ETD	:	Entités Territoriales Décentralisées
FATSHI	:	Félix-Antoine Tshisekedi
FMI	:	Fonds Monétaire International
IA	:	Intelligence Artificielle
MPR	:	Mouvement Populaire de la Révolution
ONU	:	Organisation des Nations Unies
OUA	:	Organisation de l'Unité Africaine
PALU	:	Parti Lumumbiste Unifié
PAS	:	Programme d'Ajustement Structurel
RCD	:	Rassemblement Congolais pour la Démocratie
RDC	:	République Démocratique du Congo
UA	:	Union Africaine
UDPS	:	Union pour la Démocratie et le Progrès Social

Dédicace

A ma femme, Mérovine AMBU MUVEMA, qui a toujours toléré mon attachement aux livres et à l'ordinateur ;

A mes enfants, Don Cléo, Maria, Jean-Michel et Marie-Magnificat PUNGA, à qui je voudrais ardemment inculquer l'esprit des lois.

Remerciements

Quoique généralement conçue par un seul, l'œuvre scientifique n'aboutit presque jamais sans qu'elle ne passe par les mains des tierces personnes qui concourent à son perfectionnement. C'est justement cette exigence qui m'oblige à réserver quelques lignes de cette réflexion pour remercier tous les intervenants de parcours dont la contribution à sa finalisation a été très appréciable.

Conçue initialement comme un article, cette étude est passée par l'évaluation rigoureuse de trois de mes collègues du Centre de Recherches et d'Etudes sur l'Etat de droit en Afrique(CREEDA), en l'occurrence les professeurs Balingene Kahombo, Marcel Wetsh'Okonda Koso et Joseph Kazadi Mpiana, dont les remarques et suggestions ont largement contribué à l'amélioration de sa qualité scientifique. Qu'ils trouvent ici l'expression de mes remerciements et de ma profonde gratitude.

Je remercie, en outre, deux autres collègues, Joseph Cihunda Hengelela et Clément Shamashanga avec qui, dès le début, c'est-à-dire, lorsque le Professeur Isidore Ndaywel avait annoncé sa conférence du 19 aout 2023 sur le projet d'une « Nouvelle Constitution pour la République Démocratique du Congo », avions pris la décision non seulement d'aller suivre cette conférence, mais aussi de lui répondre par des contributions écrites, en guise de riposte à ses principales thèses.

Alors que la question du changement de Constitution enflamme actuellement la toile, occupe les pages entières des journaux kinois et mobilise les débateurs des émissions télévisées depuis que le Président de la République a jeté le pavé dans la marre lors de son interview du début du mois de mai, à Paris, à l'occasion de sa visite officielle, cette réflexion aurait pu rester dans mes tiroirs n'eut-été l'appui financier obtenu de généreuses personnes qui ont préféré trouver leur célébrité dans l'anonymat. Qu'elles acceptent toutefois que leurs noms soient à jamais écrits sur mon cœur et que seuls mes remerciements soient divulgués au grand public.

Je remercie enfin le professeur Auguste Mampuya qui a, sans hésitations, accepté de rédiger la préface introductive à l'ouvrage, tout en m'encourageant à mener ce combat contre l'obscurantisme intellectuel. Sa touche technique aura été très appréciable.

Que tous ceux dont les noms ont été tus ne se sentent en rien oubliés, car ils retentissent du fond de mon cœur et ce, jours et nuits.

Préface

Quelqu'un a dit, et ça se vérifie facilement dans ce pays, que « Quand la bêtise est au pouvoir, l'intelligence devient un délit ». Dans notre Pays, la République dite « démocratique » du Congo, le pouvoir de la bêtise est tellement puissant qu'il a envahi et occupé tous les réseaux sociaux, souvent en complicité avec la bêtise qui a soumis le pouvoir politique.

Non seulement les réseaux sociaux sont devenus les académies dans lesquelles s'expriment toutes les « opinions » dites libres, « démocratie » oblige, dont la majorité frisent ou carrément expriment la bêtise, mais aussi ils jouent le rôle de *Journal officiel* parce que c'est là que nous sommes mis au courant de toutes les décisions des dirigeants, publiques ou secrètes, officielles ou officieuses. Mais, ici, c'est le rôle de ces particulières académies que sont les réseaux sociaux, et non celui du Journal officiel, qui nous intéresse pour aborder cette question du changement de la constitution étudiée par le chercheur Paulin Punga Kumakinga sous le titre *Les fallacies d'un changement constitutionnel en République Démocratique du Congo*. C'est, en effet, dans les réseaux sociaux qu'est né ce débat, où se sont manifestées les intentions des uns et des autres, y compris celles des plus hautes autorités politiques, en rapport avec l'idée de changer ou non la Constitution actuelle, celle de 2006, de notre Pays.

Au sein de ces académies spéciales, certains se sont distingués, alignant « arguments » sur « arguments » ou plutôt arguties sur arguties, invectives, admonestations et menaces de tous genres, mais surtout chacun affirmant l'exactitude, aussi bien historique que scientifique de ce qu'il avance. Il se trouve seulement, à l'examen, que ces « académiciens » ne sont « spécialistes » et « savants » que dans les réseaux sociaux, sans aucune des qualités exigées dans les vraies académies, universités et laboratoires. Par ailleurs, les vrais académiciens se sont peu prononcés sur cette problématique en s'engageant dans le débat, frileux ou ne trouvant pas digne de se mêler à de soi-disant débats sans tête ni queue avec des aventuriers sans qualité, ou, encore, craignant pour leur vie dans un pays où une impitoyable intolérance répond à la liberté scientifique et à la liberté d'opinion.

Paulin Punga, et c'est le premier mérite de l'auteur, est donc l'un des rares chercheurs scientifiques à avoir osé pénétrer dans l'arène et affronter scientifiquement les arguties des spécialistes des réseaux sociaux béatement gobées et reprises par les décideurs qui ont fondé là-dessus des éléments de leurs intentions de « réformes ».

Lorsque, reconnaissant mes propres efforts notoires dans la volonté d'affronter par la science et l'intelligence les propos saugrenus ayant largement occupé le terrain, il m'a demandé de rédiger une préface à son ouvrage, je n'ai pas hésité un seul instant, cela étant l'occasion pour moi de continuer ce combat non seulement directement par moi-même mais aussi par toute voie indirecte : on ne sera jamais trop nombreux face à toutes ces « armées numériques » montées et gracieusement et copieusement financées par de nombreuses officines qui manipulent dans la fraude et le vol les deniers publics.

C'est avec joie et bonheur que je préface cet ouvrage, en en profitant pour en amplifier et renforcer la démarche et en alimentant cette cause qu'elle porte ; l'élaboration de cette préface est donc pour moi, comme l'est la lecture de cet ouvrage, l'occasion de m'associer au combat que mène Paulin, en enrichissant, comme me le permet le sens d'une préface comme introduction, la démarche de l'auteur et ses arguments rationnels de nature à détruire cette véritable volonté de nuire que sont les velléités d'anéantir ce qui est, ainsi qu'on le verra, l'œuvre de toute une histoire d'un peuple, au profit d'appétits motivés par la manducation purement charnelle du camp des « changistes ».

Je dois, en commençant, faire remarquer que l'auteur a voulu un titre neutre et bienveillant dans lequel j'aime bien l'anglicisme « fallacies » utilisé sans doute pour éviter « mensonges », vocable peut-être trop cru et heurtant de front les partisans de la thèse négationniste négative et hasardeuse de changement de notre Constitution. Par ce ton modéré, Paulin Punga a sans doute indiqué d'emblée sa volonté de se placer clairement dans le champ de l'analyse scientifique, posée, réfléchie, argumentée et motivée, sans tentation d'inutiles polémiques qui sont la facile arme de destruction massive des savants des réseaux sociaux qui s'y plaisent et en jouissent.

Démarche claire, rigoureuse et simple

La démarche de l'auteur est simple et claire, l'écriture et la langue agréables et faciles, qualités qui devraient attirer le lecteur et lui plaire. Ayant admis au préalable que toute constitution peut être révisée ou, même, changée, il affirme cependant qu'une révision ou un changement légitime doit répondre à certaines conditions et correspondre à certaines raisons qui en sont la justification, au regard du bien-fondé scientifique, historique, politique, culturel et social, bref, fondant l'utilité et l'efficacité de la réforme envisagée. Sa logique implique donc qu'il existe des raisons objectives, en tout cas pertinentes, qui, intrinsèquement, peuvent justifier ou, même, postuler une réforme constitutionnelle.

C'est à l'exposé de ces causes qu'est consacré son premier chapitre, en revenant sur les insuffisances, manques et déficits dans différents domaines, recherche d'amélioration en matière d'égalité, de libertés et droits, ainsi que de mieux-être supposé impliquant des espaces plus larges d'égalité et de libertés et droits garantis aux citoyens : bref, toutes causes qui décrivent le besoin de plus de démocratie, en amélioration incontestable de ce qui existait. Il consacre le deuxième chapitre à tenter de démontrer que le changement ayant conduit à la Constitution actuelle était alors justifié par ces besoins de plus d'égalité, de libertés et de mieux-être du fait du régime de la IIe république considéré comme responsable d'un déficit démocratique ayant conduit à l'implantation d'une véritable dictature, d'autant plus que l'une des réactions à cet état des choses avait pris la forme d'une rébellion ayant débouché sur un conflit armé meurtrier dont l'issue a été le renversement du régime politique et constitutionnel de la deuxième république. La Constitution de

2006 se manifeste ainsi comme la solution ayant soldé l'ancien régime renversé par une révolution armée, et établissant un nouveau régime plus démocratique garant de l'Etat de droit. Dans ce chapitre, Paulin Punga décline tous les progrès démocratiques contenus dans la Constitution de 2006 que certains veulent abroger et remplacer par une autre, analysant parfois dans le détail les avancées démocratiques et les garanties constitutionnelles de ces avancées. Dans la suite, logiquement, il expose au chapitre trois quelques-uns des rares arguments ou, mieux, justificatifs avancés par les partisans de la *tabula rasa* constitutionnelle pour, essentiellement, en démontrer les faiblesses criardes qui en accentuent l'inanité et le caractère fallacieux, j'ajouterais leur caractère de simple et pur alibi. Le corps du texte de l'ouvrage se termine par un chapitre quatre, suivi d'une brève conclusion, dans lequel l'auteur, en une sorte d'admonestation, souligne quelques-uns des risques et de néfastes conséquences qu'entraînerait l'aventure de changement, dans les conditions et circonstances actuelles, de la Constitution pour la remplacer par une autre.

Les mérites de cette publication sont importants et évidents. En effet, il était temps qu'un essai universitaire vienne, s'appuyant sur un raisonnement scientifique cohérent, non seulement éclairer les opinions sur les raisons objectives, au-delà d'éventuelles motivations politiques acceptables, mais aussi détruire les fallacieux arguments apparents des abolitionnistes, avançant à pas feutrés en cachant leurs véritables motivations parce qu'inavouables et, à bien des égards, honteuses. Lorsque l'auteur expose les facteurs qui peuvent fonder ou justifier un changement de constitution tout en insistant sur le fait que ces facteurs avaient déjà été, peu ou prou, rencontrés dans le changement qui a mené à la Constitution actuelle, il nous laisse comprendre qu'il n'y a pas, dans ce qui est débité du bout des lèvres par les campagnes tapageuses en faveur du changement, de vraies raisons objectives, rationnelles et scientifiquement appuyées pour changer la Constitution actuelle. En effet, les partisans de l'aventure abolitionniste n'ont d'aucune façon démontré ou tenté de démontrer que le changement qu'ils veulent induirait un progrès démocratique, tellement notre jeune démocratie a besoin d'être consolidée pour nous éloigner de plus en plus loin de l'obscurantisme politique dans lequel notre peuple est resté trop longtemps enfermé, obscurantisme qu'entretiennent volontiers les politiciens en mal du pouvoir pour le pouvoir.

Il convient de signaler une réfutation particulière que l'auteur veut scientifique parce qu'elle répond à des scientifiques, professeurs de leur état. En fait, je me limiterai à juste indiquer que critiquer pour en préférer d'autres, comme le fait le professeur Mabaka, les options de la Constitution de 2006 sur la forme de l'Etat (« monstre »), le régime politique (parlementaire, selon lui) et l'évocation de Dieu, ou encore la forme de l'Etat ou le siège des institutions comme capitale chez le professeur Ndaywel, ce n'est pas une question de « science » ou même une question juridique mais simplement de préférence politique. Ce n'est vraiment pas la perspective de la démarche de Paulin Punga.

Changer : révolution, coup d'Etat ou « révolution juridique »

En fait, le changement de constitution procède d'une volonté révolutionnaire, consistant à mettre à plat l'ordre constitutionnel et politique existant, pour le remplacer par un autre, en principe fondamentalement différent du précédent ; en dehors de ce procédé, il s'agirait alors de révisions consistant à modifier certaines dispositions constitutionnelles sur la base de la même constitution, sans abattre tout l'édifice. Larousse définit par plusieurs sens le mot « révolution » ; pour ce qui touche à notre sujet, le sens pertinent est celui de « Changement brusque et violent dans la structure politique et sociale d'un État, qui se produit quand un groupe se révolte contre les autorités en place et prend le pouvoir » ou encore celui de « Forces révolutionnaires, le pouvoir issu de ce changement ». Généralement, dans les sociétés étatiques, il s'agit de révolutions violentes, conflictuelles, armées et souvent avec effusion de sang et perte de vies humaines, à l'exemple entre autres de l'emblématique et célèbre révolution française ou des guerres de libération ; à ces situations prises en exemple, il est légitime d'assimiler le cas des coups d'Etat perpétrés dans nombre de pays, particulièrement en Afrique. Mais, l'on sait d'expérience et de logique, qu'il peut y avoir une « révolution » véritable par le sort de l'ordre ancien qu'on fait disparaître sans états d'âme et par la nouveauté de l'autre ordre qui s'y substitue, mais révolution « pacifique » dont la légitimité est assise sur son acceptation par la grande majorité consensuelle qui s'est manifestée en sa faveur au sein de la société globale.

Il peut y avoir aussi une « révolution juridique ». Certes, par nature, cette expression ne peut être juridiquement définie, au regard du droit constitutionnel, mais les scientifiques du droit s'y intéressent. La « révolution juridique » est ainsi appréhendée comme une rupture dans la continuité constitutionnelle, elle intervient lorsque « la modification constitutionnelle aboutit à une rupture constitutionnelle… ». Elle consisterait « alors en une modification de cette norme suprême [la constitution] (quelle qu'en soit l'ampleur) qui opère en dehors des règles juridiques prévues par cette même constitution, aboutissant à une constitution dont la validité ne peut pas être rattachée à la constitution précédente »[1].

Dans cette perspective, l'histoire des constitutions et des régimes politiques, y compris celle de notre Pays le Congo se disant « démocratique », enseigne que ces deux formes « révolutionnaires » du changement de constitutions ont été pratiquées, parfois en une combinaison entre une fin « révolutionnaire » brutale, violente et même sanglante d'un ordre constitutionnel et son remplacement pacifique par un nouvel ordre dont la mise en place ne peut être validée par une norme constitutionnelle, par hypothèse inexistante du fait du renversement brutal de la constitution du moment. C'est la voie de la Constitution du 18 février 2006 dont question et dont la cause se trouve dans le besoin de combler pacifiquement le vide constitutionnel consécutif à la disparition violente de l'ordre constitutionnel du régime du Maréchal Mobutu à la suite de sa

---

[1] DEROSIER, J.P., « Qu'est-ce qu'une révolution juridique ? Le point de vue de la théorie générale du droit », *https://droit.cairn.info/revue-francaise-de-droit-constitutionnel-2015-2?lang=fr*, pages 391 à 404 ; consulté le 14 octobre 2024.

défaite en 1997 par les rébellions armées qui avaient mené la première « guerre de l'Est », après une première initiative pacifique de la « Constitution de transition » adoptée déjà pacifiquement après le Dialogue intercongolais. Une révolution constitutionnelle peut par ailleurs se réaliser pacifiquement par ce seul phénomène de « révolution juridique » véhiculée par une nouvelle idéologie induisant un rejet total, mais pacifique, politique, empruntant les méthodes de débats politiques consentis par les acteurs politiques et sociaux concernés, à l'issue desquels il est convenu de changer en sa totalité ou à travers ses dispositions fondamentales et essentielles l'ordre existant auquel en est préféré un autre. Au Congo, ce fut le cas de l'ordre juridique issu de la Conférence nationale souveraine, CNS, dont le caractère révolutionnaire a été instauré par sa toute première résolution proclamant sa « souveraineté », par laquelle elle se mettait ainsi d'emblée en dehors de la norme du moment avec l'intention d'être l'origine matricielle de la nouvelle norme constitutionnelle et institutionnelle.

Par rapport à ces exigences de l'opération de changement de la constitution, les partisans ne nous disent pas comment ils comptent réussir cette « révolution », sanglante ou pacifique, alors que cette voie à deux branches est d'autant plus obligatoire que la Constitution dont question voit intangiblement verrouillées ses dispositions les plus essentielles et les plus caractéristiques, celles dont la modification pourrait à elle seule signifier un véritable changement « révolutionnaire pacifique » de la constitution. On aurait imaginé qu'une conférence pour un changement de la constitution fût organisée aux fins d'aboutir à une « révolution » constitutionnelle pacifique ; mais faute de s'autoproclamer souveraine, une telle conférence suppose un consensus général aussi bien sur son organisation que sur le contenu matériel des options et orientations de base et les dispositions constitutionnelles à écrire, ainsi que sur les voies de la validation juridique du nouvel ordre constitutionnel. En tout état de cause, aucun de ces propagandistes n'accepte même la simple idée de rechercher un quelconque consensus, tous, sur fond de compétition entre eux de culte de la personnalité dans ses diverses formes et expressions, suspectant toute velléité de recherche de consensus comme méconnaissant la souveraine volonté, l'omniscience et l'omnipotence du Chef dans son infaillible vision.

Il en découle qu'on ne voit rien qui, dans le comportement des propagandistes d'une nouvelle constitution, manifeste le souci de motiver leurs intentions, les juristes de ce bord se contentant quant à eux de généralités du genre « une constitution n'est jamais éternelle, elle n'est pas immortelle, elle naît, vit et meurt », ou encore qu' « une génération n'a pas le droit de lier la volonté et la liberté constitutionnelles des générations futures », généralités banales sans aucune valeur juridique, au-delà du simple bon sens et simple constat naturels.

Un chapelet de mensonges

Un pseudo argument, balbutié par plusieurs partisans, consiste à affirmer quelque chose d'invérifiable, quand ces penseurs trompent l'opinion en tentant de la convaincre que la constitution conditionne le développement économique et le progrès social et que la constitution actuelle interdit aux institutions d'adopter et d'appliquer les politiques publiques qui impulsent le développement et le « social du peuple » ; mais ils ne disent pas comment et par quelles dispositions la constitution jouerait ce rôle qui, disons-le, n'est pas intrinsèquement le sien. Une autre variante du même mensonge, marqué au coin d'une volonté de plaire au Chef, consiste à affirmer que le président n'a pas suffisamment de temps pour réussir les objectifs de développement économique et social contenus dans son programme exposé au cours de la campagne électorale. Quant à cela, tout le monde sait que, habituellement, personne, pas même celui qui les fait, ne croit dans les promesses électorales alignées dans le dessein démagogique de plaire aux électeurs, tandis qu'il est présomptueux de faire des promesses soi-disant pour le « développement intégral du Congolais », embrassant tous les aspects de la vie des populations, tous les secteurs, nécessitant plusieurs vies pour leur mise en œuvre complète. En effet, personne n'est obligé de promettre la lune, le développement économique et social total qui serait la fin de l'histoire, et de toutes les façons la mise en œuvre d'un programme étant tributaire de paramètres que l'individu ne contrôle pas, souvent il n'en sera réalisé que certaines parties, sans que cela ne soit à considérer comme un cas pendable. Comme le dit la sagesse bantoue, « *Musala ya l'Etat esilaka te* » (Le travail de ou pour l'Etat ne finit jamais, se poursuivant de régime à régime et de génération à génération). L'argument selon lequel le peuple peut réélire à l'infini celui qu'il aime et « plébiscite » ne tient pas la route quand on sait que nous avons été capables de tenir des élections comme celles de la pagaille organisée de décembre 2023. Dans ces conditions, c'est un malveillant mensonge que de prétendre qu'il faut allonger et multiplier les mandats d'un président pour qu'il termine son programme ou pour qu'il réalise les progrès attendus. L'histoire ne justifie pas l'utilité de longs et nombreux mandats, tandis que nous avons connu des présidents ayant aligné plusieurs mandats totalisant des dizaines d'années, mais auxquels on ne reconnaît pas nécessairement des résultats brillants. Dans la même veine, un argument utilitaire et de flatterie a été imaginé, toujours au profit de « l'institution » président de la République, en faveur d'un accroissement des pouvoirs de ce dernier, considérant que la Constitution actuelle ne lui attribue pas assez de pouvoirs. Sans friser une accusation de ruée vers la dictature, comment ne pas voir ici une démarche des adorateurs des régimes d'hommes forts, avec, dans la constitution, une hyperprésidentialisation du régime, une hypertrophie handicapante pour l'ensemble institutionnel, qui peut devenir bénigne au sens physiologique et médical, qui paralyserait le fonctionnement des institutions de l'Etat écrasées par le poids asymétriquement anormal d'une seule d'entre elles, régime qui serait, au sens technique du terme, une dictature incontrôlable, avec cette impression perceptible qu'il n'existe qu'une seule institution dont toutes les autres ne seraient que des adjuvants ? On est déjà passé par là dans notre histoire ; serait-ce sage de recommencer ?

C'est que, en fait, les « changistes » n'ont pas d'arguments logiques et rationnels soit au regard de la science juridique soit au regard des réalités politiques et sociales. On dirait que leur seule arme est d'imposer la volonté et le fait du prince, mais alors qu'ils aient le courage d'affirmer en l'assumant qu'ils préparent un coup de force ou un coup d'Etat constitutionnel. Tandis que, en réalité et c'est significatif, les vrais juristes sont gênés et mal à l'aise de devoir endosser, sans pouvoir motiver scientifiquement ou juridiquement, des positions politiciennes ; de fait, il est remarquable de constater qu'aucun juriste sérieux, même notoirement connu comme du camp du pouvoir et y occupant des postes juteux, n'a encore osé publiquement embrasser cette thèse insoutenable, on ne voit que des semi-lettrés et autres débrouillards apprentis juristes qui s'emparent des plateaux de télévision et des réseaux sociaux.

Au mieux, suggérant la recherche d'une constitution « vraiment congolaise », l'argument-massue est d'évoquer une prétendue inadéquation entre la Constitution actuelle et les « réalités » politiques, sociales et culturelles non autrement nommées ou identifiées. On n'hésite pas à recourir à des mensonges assumés ou basés sur l'ignorance de l'histoire en général et de l'histoire constitutionnelle congolaise en particulier. Telle cette allégation inouïe, folle, accusant la Constitution de 2006 d'avoir été rédigée par des étrangers, voire à l'étranger notamment au Rwanda, et imposée aux leaders et institutions congolais, une insinuation que Paulin Punga réfute facilement et il n'est pas sage de revenir dessus. La bêtise se manifeste également dans la prétention d'épingler certaines dispositions de la Constitution qui devraient être interdites et dont le rejet justifierait le changement de la constitution. Dans l'énumération et l'interprétation de ces dispositions, les changistes font constamment preuve d'une ignorance crasse doublée d'une volonté de mentir pour les besoins de la cause ; Paulin Punga le démontre également.

Mystique et mystification : le testament

Au cours des mois de septembre et octobre 2024, on a sorti du chapeau un « argument » mystique : le changement de la Constitution de 2006 aurait été légué en « testament » par feu le président de l'UDPS, Etienne Tshisekedi wa Mulumba, et que ses héritiers auraient le devoir sacré de respecter la volonté de l'illustre défunt. Alors que nous connaissions tous l'incontestable testament de l'Etat de droit, ce n'est déjà pas rien que, à l'ère du tout numérique et, même de l'Intelligence Artificielle(IA), les autoproclamés exécuteurs testamentaires de l'UDPS aient été dans l'incapacité d'exhiber un seul écrit, un seul enregistrement sonore ou vidéo à l'appui d'une telle assertion, alors que ces derniers jours ont vu circuler des vidéos du président Etienne Tshisekedi exhortant au strict respect de cette même Constitution. Mais, la mystification est totale, avec l'intention de mentir en travestissant la vérité historique. Est, à cet effet, présenté comme preuve de ce soi-disant testament le fait que le chef de l'UDPS ait alors décrété le boycott du processus électoral et de tout ce qui s'y rattachait, y compris le référendum de 2005 par lequel fut adoptée la Constitution du 18 février 2006, ainsi que des institutions qui en seraient issues. Que ceux qui ont déterré en le travestissant ce fait historique disent au moins les raisons pour lesquelles le président de l'UDPS aurait rejeté la Constitution, pour quelles options ou dispositions constitutionnelles inacceptables par lui ; ils ne le pourront pas parce que la vérité historique est toute autre. En effet, l'UDPS avait boycotté le processus de la transition post Sun City dans son ensemble, pour une raison, une seule, très claire : Etienne Tshisekedi a été frustré du fait que l'opposition politique, en tant que l'une des composantes du Dialogue intercongolais ayant le droit de désigner l'un des quatre vice-présidents de la transition n'avait pas reconnu que ce poste devait lui revenir tout naturellement de droit et sans qu'il ait besoin de se manifester en manière d'acte de candidature, poste « usurpé » par Arthur Z'ahidi Ngoma.

Pacte républicain : conquêtes démocratiques des forces politiques et sociales congolaises

Les partisans, par ignorance ou pur mensonge, ne savent pas que toutes ces « innovations » qu'ils proposent ont déjà été expérimentées dans ce pays sans résultat positif et que la Constitution de 2006 et toutes les révisions qui pourraient lui être ajoutées, ne devraient qu'être les adaptations positives des leçons de ces expériences dont la somme a été amorcée dans la CNS, où l'UDPS et son leader, Etienne Tshisekedi, plus que tout autre, ont joué un rôle spécifique de premier plan, capital, majeur et déterminant, CNS complétée par les résolutions optionnelles du Dialogue intercongolais de Sun City où avaient siégé nombre d'acteurs encore aujourd'hui aux affaires, donnant naissance aux tendances juridico-politiques des régimes politiques à venir, donc en termes d'amélioration et de consolidation d'une démocratie dont les bases auront été jetées par ces deux rassemblements.

Ces deux temps historiques furent autant d'occasions d'une critique impitoyable du régime d'alors, autour d'un homme fort sous la férule du Maréchal Mobutu, critique systématiquement déroulée pour rejeter les régimes à pouvoir personnel, et de concentration des pouvoirs entre les mains d'un seul, fût-il démiurge, et, à la place, déboucher sur l'adoption de la démocratie et de l'Etat de droit dans leurs contenus et principes variés, au sein d'institutions entre lesquelles le pouvoir est partagé dans un équilibre institutionnel et fonctionnel. En cela, en cette « révolution constitutionnelle » comme je l'ai démontré plus haut, ont consisté le progrès et un certain degré de développement politique démocratique, les différentes constitutions devant dorénavant mettre en œuvre ces options fondamentales validées par les milliers des délégués des différents segments représentatifs de notre population, et à considérer comme le noyau dur de la démocratie congolaise, contenu du contrat social national, que les forces politiques et sociales congolaises, avec, au premier rang, l'UDPS, ont identifié comme étant le Pacte républicain congolais contre la violation duquel elles ont combattu le régime de Joseph Kabila.

Ils ont donc totalement tort, scientifiquement, historiquement et politiquement, ceux qui voudraient amener par les mensonges et la flatterie le Président de la République à scier son assise ontologique existentielle et résultat de l'idéologie qui l'a façonné, le conduisant à une démarche autocratique alors qu'il les a avertis de ne pas faire de lui un dictateur. Les réfutations de Paulin Punga, ainsi que les amplifications que je leur ai jointes, répondent suffisamment à ces affirmations, tandis que, il faut le répéter, l'adaptation « à nos réalités », qu'on ne précise jamais, n'est qu'un prétexte pour en fait adapter aux propensions que nous constatons dans l'application politicienne de la constitution ainsi qu'aux déformations qu'elle subit, adapter aux pratiques négatives des dirigeants, en matière de constitution les réalités actuelles n'étant en fait que les violations et déformations de la constitution, adapter la constitution signifierait alors consacrer comme nouvelles options constitutionnelles les violations et déformations que subit la constitution en place.

C'est là que les juristes dignes de ce nom devraient oser expliquer les choses au regard des exigences constitutionnelles, face au chambardement qu'on compte provoquer, concernant la forme relativement composée de l'Etat qui a nécessité des assemblées provinciales et des gouvernements provinciaux ainsi que l'existence d'un Sénat, l'article 78 qui fait émaner le gouvernement de la majorité parlementaire, etc. En fait, beaucoup de ceux qui parlent ignorent que, s'agissant de la grande thématique de la forme de l'Etat dont dépendent beaucoup de ces questions évoquées çà et là, la tradition, depuis la Loi fondamentale et dans toutes nos successives constitutions sauf celle de 1967, est, au minimum, de distinguer l'Etat des provinces, personnes morales autonomes, tandis que le projet de constitution élaboré par la CNS allait même plus loin en établissant carrément un Etat fédéral. En réalité, ce choix, dont découle le sort des gouverneurs, est lié aux options fondamentales sur la forme de l'Etat, résultat d'une démarche historique permanente depuis les années 1958, début de la lutte pour l'indépendance avec l'autorisation de la création des partis politiques par les Congolais, les débats entre ces partis ayant toujours essentiellement tourné autour de la forme de l'Etat, et abouti à devoir choisir obligatoirement entre Etat unitaire centralisé, fédéralisme et cette forme du milieu qu'est le « régionalisme constitutionnel », l'option de l'autonomie étant prise à la Table ronde de 1960 et inscrite dans la Loi fondamentale et, depuis, dans toutes nos constitutions sauf celle de 1967.

Dans le même sens, il convient de préciser que nulle part, depuis la fin du régime Mobutu, il n'est dit que le gouverneur de province est le représentant du Président de la République, ni dans la constitution ni même dans la loi, laquelle serait, dans cette hypothèse, contraire à la constitution et déclarée anticonstitutionnelle par le juge de la constitutionnalité ; à ce sujet, la loi n° 08/012 du 31 juillet 2008 portant principes fondamentaux relatifs à la libre administration des provinces précise, en ses articles 63 à 67, que le gouverneur est, au titre d'autorité déconcentrée, le représentant, non pas du président de la République mais du gouvernement central concernant les services de l'Etat en province, la question du représentant du pouvoir central est, du reste, résolue différemment dans d'autres pays, et nous pourrions faire de même. Quant à l'article 78, il faut savoir qu'il avait pour objet une exigence constante depuis la CNS, toujours contre le pouvoir personnel, de faire du gouvernement une émanation du peuple, faisant procéder le Premier ministre de la majorité parlementaire (gouvernement « représentatif » ; c'était l'objet de la lutte du leader de l'UDPS et de toute l'opposition à Mobutu. Je sais que ceux qui font la critique de cette disposition ont un raisonnement trop simple et simpliste selon lequel le Président est « le Chef », il doit être maître de tout et avoir les mains libres pour choisir « son » gouvernement avec « sa » majorité mais ce n'est pas le choix de la Constitution de 2006, parce que c'est ce à quoi on a été habitué du régime Mobutu et contre quoi se sont levés l'UDPS et ses alliés d'alors, et qui ne peut fonctionner que si les électeurs « donnent » une majorité parlementaire au Président de la République (et comment obliger les électeurs à lui « donner sa majorité » ?). Or le choix de la Constitution de 2006, dans ses équilibrages, a voulu un régime souple qui n'exige pas que le président de la République ait nécessairement « sa » majorité parlementaire alors que ce dernier peut parfaitement exercer ses prérogatives constitutionnelles, tandis que ce qu'on propose peut se bloquer s'il arrivait que le peuple n'envoie pas à l'Assemblée nationale une majorité favorable au Président, poussant alors celui-ci dans des magouillages pour « acheter » une majorité parlementaire ou alors dans une démarche de coup de force contre le suffrage universel.

C'est dans ce contexte que se justifie l'institution de la mission d'information aujourd'hui coupable de tous les maux, institution utile mais pas d'application systématique ou obligatoire. Sinon, au mieux, cela reviendrait au régime présidentiel se déformant vite en ce que les constitutionnalistes occidentaux appelaient avec dédain « régime présidentialiste africain », qui, on ignore notre histoire, n'est pas une nouveauté parce que nous l'avons subi sous Mobutu président tout puissant non contrôlé et non responsable, avec ce dégoût exprimé bruyamment à la CNS où les délégués de différentes représentations légitimes de la population ont juré que « plus jamais ça ». Ou, alors, on veut, par ignorance de l'histoire, un perpétuel recommencement, les mêmes causes produisant les mêmes effets !

L'article 220 et le Pacte républicain

Le contenu de cet article n'est pas sorti du néant ni n'a été inventé par quelqu'un *ex nihilo* ; il vient de loin dans notre histoire politique, il descend en droite ligne de ces acquis de la lutte historique des forces politiques et sociales congolaises. Interdisant la révision des matières suivantes, « la forme républicaine de l'Etat, le principe du suffrage universel, la forme représentative du Gouvernement, le nombre et la durée des mandats du Président de la République, l'indépendance du pouvoir judiciaire, le pluralisme politique et syndical »… « les droits et libertés de la personne » et « les prérogatives des provinces et des entités territoriales décentralisées », cet article vient préserver le fruit sacré des conquêtes acquises de haute lutte, ce Pacte républicain congolais, il en fait le constat et en est le condensé.

C'est le contenu et le sens de la lutte des 37 ans dont se targuent l'UDPS et ses combattants, la lutte dans laquelle a grandi notre président de la République et sans laquelle sa vie aurait eu un contenu différent ; c'est ce que visait l'UDPS depuis sa création (v. le sens de « La lettre des 13 parlementaires ») ; c'est ce qu'ont voulu l'UDPS et l'Union sacrée et alliés en 1991 sous Mobutu ; c'est ce qu'a voulu la CNS, c'est ce qu'a voulu le dialogue inter-congolais, c'est ce qu'a voulu l'opposition à J. Kabila jusqu'en 2017, comme le montrent ces temps-ci de nombreuses vidéos jouant le rôle de la « VAR » en football pour rappeler à tous leur lutte passée aujourd'hui oubliée. Vouloir rétablir un pouvoir personnel illimité dans sa durée ou dans son contenu, au profit d'un homme, même en recourant par pure malice au « peuple » par référendum, est ainsi une honteuse démarche rétrograde et périlleuse qui nous fait reculer de près de 60 ans. C'est trahir l'histoire. Et tout cela, sans raison valable… ! Mais l'histoire, elle, ne ment ni ne se trompe pas.

Moralité, le Président de la République devrait pouvoir exercer les prérogatives que lui attribue explicitement la Constitution actuelle et qui sont énormes, se contentant de son rôle noble et prééminent de chef de l'Etat au-dessus de la mêlée sans descendre dans le quotidien gouvernemental avec ses aléas parfois scabreux et ses relents nauséabonds, il serait parfaitement à l'aise avec ce cadre constitutionnel ; le reste des autres questions évoquées, sauf simples révisions au moment opportun non suspect, relève de la loi électorale et des pratiques politiciennes à bannir. Que les politiciens laissent la constitution tranquille et s'interrogent eux-mêmes pour s'amender, changer leurs mauvaises pratiques.

Je le répète, beaucoup de « juristes », dont des scientifiques, tournent autour de la présidence ; ils devraient, c'est leur devoir patriotique de scientifiques, mettre en lumière ces incohérences et contradictions avec la lutte et les conquêtes historiques, notamment, d'Etienne Tshisekedi. Cet ouvrage de M. Punga devrait inciter les bonnes volontés à multiplier les voix du bon sens, pour respecter l'histoire de la lutte pour la démocratie dans ce pays. Néanmoins, pas du tout naïf, j'avoue que, face à la volonté de puissance et de pouvoir, aucune considération juridique ou scientifique ou, même, simplement logique, ni aucune personne de bonne volonté ne pèse d'aucun poids.

Certes, une constitution n'est pas immuable, mais elle est la norme suprême dont dépendent tout l'agencement institutionnel et tout l'ordonnancement juridique de l'Etat ; sans être figée ni immuable, la constitution, à cause de cela, doit être stable, alors que la constitution qu'on veut abattre n'a même pas encore vécu le temps d'une génération. C'est la leçon à tirer de la lecture de l'ouvrage de Paulin Punga et de ce noble combat qu'il mène ; tous ceux qui sont intéressés à la préservation de notre patrimoine constitutionnel contenant notre pacte social ont tout intérêt à s'imprégner de ses arguments comme d'une sève vivifiante qui va les armer pour que soit arrêtée net l'aventure qui précipiterait la RDC tout droit dans le précipice conduisant à une autocratie pourtant explicitement rejetée par le Président Félix Tshisekedi, nourri à la mamelle de la lutte pour l'État de droit.

Fait à Kinshasa, le 21 octobre 2024

Auguste MAMPUYA KANUNK'a-TSHIABO
Professeur Ordinaire Émérite de droit public
à l'Université de Kinshasa

Introduction

Les pages que je donne à lire portent sur les fallacies d'un changement constitutionnel en République Démocratique du Congo.

En effet, le changement constitutionnel[2] s'opère généralement suivant deux modes : le mode violent, d'une part, et le mode pacifique, d'autre part. Qu'il advienne violemment ou pacifiquement, le changement constitutionnel doit, en principe, avoir à sa base un mobile justificatif qui le rende pertinent, et ce mobile est essentiellement et avant tout un résultat au service de la liberté et du peuple[3]. En d'autres termes, la nécessité d'opérer un bouleversement de l'ordre constitutionnel est dictée par la soif ressentie par la majorité du peuple de faire prévaloir les valeurs démocratiques de liberté, d'égalité, de dignité, de solidarité, mais aussi le bien-être économique et social vers lequel celui-ci tend absolument.

L'histoire des révolutions connues dans le monde depuis le 18ème siècle jusqu'à celles du XXIème qui ont gagné le monde

---

[2] Dans cette étude, en lieu et place du changement constitutionnel, nous pourrons utiliser le concept de « révolution constitutionnelle » pour exprimer l'idée de rupture de l'ordre constitutionnel qui aboutit à la mise en place d'un ordre juridique nouveau, en remplacement de l'ancien. En effet, d'après Otto Pfersmann, la révolution constitutionnelle évoquerait une transformation fondamentale du droit en vigueur, une rupture irréversible qui conduirait à un retour vers un point d'origine. Ce changement devait forcément s'accomplir dans l'irrespect total des règles régissant la révision constitutionnelle. Voy. PFERSMANN, O., « Révolutions constitutionnelles, analyses doctrinales et justifications jurisprudentielles », in CHARLOT, P. et KLEIN, C., *Emergence de nouveaux modèles de démocratie constitutionnelle. Afrique, Proche-Orient*, Paris, Editions Mare et Martin, 2018, p.35.

[3] BAUDOIN, M.E., « Les liens entre Révolution et Constitution à l'aune du paradigme rupture/continuité », in BAUDOIN, M.E. et BOLTON, M.(dir.), *Les Constitutions : des révolutions à l'épreuve du temps en Europe et aux Etats-Unis*, Paris, LGDJ, 2017, p.55.

arabe, atteste bien cette logique quoique chaque révolution soit menée avec ses particularités. Il en a été le cas avec les révolutions constitutionnelles de la fin des années 80 en Afrique subsaharienne. Elles ont été non seulement le fait des masses populaires mais également le résultat d'une longue quête de liberté et ce, après avoir expérimenté durant trois décennies les dérives des régimes dictatoriaux et liberticides.

Par contre, la plupart des changements constitutionnels révolutionnaires qui ont été initiés par la minorité au pouvoir en Afrique, aussi bien dans le contexte du monolithisme que dans celui de l'ouverture démocratique, ont été très souvent fondés sur de fallacieux prétextes susceptibles de masquer une volonté de confiscation du pouvoir par cette minorité gouvernante. Loin de viser la jouissance accrue ou l'extension des droits et libertés fondamentaux des citoyens, de nombreux projets de changements constitutionnels initiés en Afrique ont vocation à renforcer les pouvoirs du Président de la République pour faire de lui la plaque tournante de l'architecture institutionnelle, voire le démiurge providentiel à qui on doit tout et sous l'impulsion de qui tout est fait[4].

Les changements constitutionnels opérés dans un passé récent, notamment en Afrique noire francophone, illustrent parfaitement cette tendance à la confiscation du pouvoir par les présidents en fonction. En effet, réélu en 2015 pour un second et dernier mandat, Alassane Dramane Ouattara initia l'année suivante un changement constitutionnel qui remit le compteur à zéro, lui permettant ainsi de postuler de nouveau en 2020 en

---

[4] La révision constitutionnelle du 20 janvier 2011 en RDC, par son inclinaison présidentialiste, en est une illustration parfaite. Lire dans ce sens DJOLI ESENG'EKELI, J., *Droit constitutionnel. L'expérience congolaise (RDC)*, Paris, L'Harmattan, 2013, p. 239 ; DJOLI ESENG'EKELI, J., « La mobilité constitutionnelle en Afrique postcoloniale : dimension structurelle et opportunisme conjoncturel. Cas de la production constitutionnelle congolaise de 1960 à 2014 », *Congo-Afrique*, n°488, octobre 2014, p.690 ; BALINGENE KAHOMBO, « Les fondements de la révision de la Constitution congolaise du 18 février 2006 », *KAS African Law Study Library*, vol.1, 2014, p.429.

invoquant l'argument du nouveau régime instauré par la nouvelle Constitution. Alors qu'on s'approche de la fin du troisième quinquennat entamé en 2020, on ne sait toujours pas s'il va de nouveau candidater en 2025, parce que son silence est sujet à multiples interprétations.

Macky Sall l'a également fait au Sénégal en 2016 même si, lui, n'est pas allé au bout de la logique, parce qu'il a subi de fortes pressions qui l'ont fait renoncer à se présenter pour la troisième fois en 2024. Alpha Condé, après avoir réussi à changer de Constitution, a été réélu pour un troisième mandat en 2020, mandat dont il n'a malheureusement pas joui, parce que chassé du pouvoir le 5 septembre 2021. Plus près de nous, au Gabon, après avoir opéré une révision en 2018, Ali Bongo a de nouveau initié et fait adopter par le Congrès gabonais, le 6 avril 2023, un changement constitutionnel majeur relatif à la fois aux élections, au suffrage, à l'âge d'éligibilité, et à la durée du mandat présidentiel ainsi qu'au nombre des mandats dont la limitation était carrément levée. C'est ce changement qui lui a permis de se présenter une troisième fois à l'élection présentielle du 28 août 2023 dernier qui a abouti au coup d'Etat militaire qui contestait justement les résultats proclamés par l'organe de gestion des élections. Le 30 juillet 2023, Faustin-Archange Touadera a réussi à faire adopter par référendum une nouvelle Constitution qui a supprimé la limitation de mandats présidentiels et allongé la durée du mandat de cinq à sept ans. Ce changement constitutionnel lui permettra, en 2025, de briguer pour la troisième fois la présidence, après y avoir déjà effectué deux mandats de cinq ans.

C'est manifestement dans ce schéma que voudrait s'inscrire la République Démocratique du Congo(RDC) où le discours sur une nouvelle Constitution est de plus en plus audible. C'est ici l'occasion de préciser que le régime actuellement au pouvoir est bénéficiaire aussi bien de la stabilité que de l'intégrité de la Constitution préservées au prix d'une lutte acharnée contre les menaces de changement constitutionnel proférées par le régime précédent. Il serait dommage sur le plan du constitutionnalisme et de la démocratie que le pouvoir actuel s'engage sur la voie du changement de l'ordre constitutionnel qui lui a permis de s'installer, alors qu'il n'est qu'au début de son second quinquennat et que les perspectives d'une fin honorable lui sont ouvertes.

Quoiqu'il en soit, que ce changement constitutionnel en perspective intervienne aujourd'hui ou demain, il est très probable qu'il soit fondé sur de fallacieux motifs qu'évoqueront les initiateurs, comme le témoignent les propos tenus par le Président de la République le 23 octobre 2024 à Kisangani. Car, il n'y a pas à ce jour de raisons convaincantes qui nécessitent ou appellent à une rupture de l'ordre constitutionnel, mieux à une révolution constitutionnelle susceptible de répudier l'ordre constitutionnel actuel. Prétendre opérer un changement constitutionnel parce que la Constitution du 18 février 2006 serait une Constitution des belligérants, parce qu'elle aurait été rédigée par des étrangers ou encore adoptée par un parlement non élu est tout simplement fallacieux, comme cette étude va le démontrer. Il s'agit bien des arguments qui constituent un voile trompeur, masquant une volonté de confiscation et de pérennisation du pouvoir par le régime en place. Tenter de s'obstiner sur une telle voie pourrait déboucher sur une situation dangereusement imprévisible.

Comme objectif notamment, tout en démontrant que tout changement constitutionnel initié par l'actuel pouvoir et qui aurait une incidence sur le mandat présidentiel serait forcément fondé sur des prétextes ou des mobiles fallacieux, cette étude tire en même temps une sonnette d'alarme pour dissuader les partisans d'un tel projet à franchir le Rubicon. L'étude met ainsi en lumière les motivations inavouées du projet de changement constitutionnel en RDC, en démontrant que les arguments sur lesquels il voudrait se fonder sont fallacieux et ne tiennent nullement la route.

La problématique de cette étude est fondée sur la question de recherche suivante : la Constitution du 18 février 2006 pose-t-elle réellement de problème qui pourrait s'ériger en obstacle au développement aussi bien démocratique que socio-économique de la RDC ? En d'autres termes, les raisons sur lesquelles entendent se fonder les protagonistes du changement constitutionnel sont-elles pertinentes, véridiques et incontestables ?

A mes yeux, la réponse directe qui pourrait servir d'hypothèse de recherche est que la Constitution congolaise du 18 février 2006 ne pose, à ce jour, aucun problème majeur en rapport avec le progrès démocratique et l'enracinement de l'Etat de droit, voire avec le constitutionnalisme pour que son remplacement passe pour une urgence. Tous les arguments susceptibles de servir de fondement à ce projet de changement sont fallacieux et manquent ainsi de pertinence juridique.

L'intérêt de cette étude pour la RDC est indéniable, sur le plan théorique et pratique. Si théoriquement elle intéresse au plus haut point les étudiants, les chercheurs et spécialistes du droit constitutionnel, dans la mesure qu'elle rappelle les fondamentaux de cette discipline juridique, partant de la notion de constitution, de sa révision, de sa rigidité ou stabilité jusqu'aux options fondamentales, en l'occurrence le régime politique, la forme de l'Etat, les droits et libertés fondamentaux, le contrôle des amendements constitutionnels, il reste que son intérêt pratique, dans le contexte de la RDC est davantage plausible. En effet, l'ordre constitutionnel du 18 février 2006 étant celui qui avait posé les bases d'un nouvel ordre politique et dont les objectifs clairs de fonder, au cœur de l'Afrique, un Etat de droit démocratique étaient sans équivoque, sa répudiation pourrait être un sérieux recul sur la voie du constitutionnalisme et de la démocratie, parce qu'elle pourrait rompre le pacte républicain scellé suivant une logique d'inclusivité qui aura fait école. Cette rupture pourrait, de nouveau, ouvrir la voie à la conflictualité aussi bien politique qu'armée.

Pour mener à bon port cette étude, l'approche globale de la dialectique[5] a été privilégiée, mais elle s'est appuyée sur

---

[5] D'après Loubet Del Bayle, la dialectique tend à privilégier la recherche des contradictions au sein d'une réalité en mettant en relief l'apparente unité du réel, les tensions, les oppositions, les conflits, les luttes, les contraires et les contradictoires. Voy. LOUBET DEL BAYLE, J.L.,

l'interprétation juridique fondée aussi bien sur l'exégèse, la téléologie, la génétique et le droit comparé. En effet, l'étude met en évidence les arguments et contre-arguments du projet de changement constitutionnel et ce, dans une logique du contradictoire. Pour cela, l'interprétation de certaines dispositions et options constitutionnelles se préoccupe à la fois d'expliquer et de recherche la *ratio legis*, la genèse, la finalité des dispositions constitutionnelles faussement diabolisées, en mettent en lumière parfois leur similarité avec les systèmes juridiques d'autres Etats africains et du monde occidental.

Cependant, la recherche menée se bute, de toute évidence, à une difficulté épistémologique, tant la rhétorique du changement est sans cesse changeante dans son argumentaire ; le discours politique peine à s'atteler sur une argumentation stable qui puisse convaincre. De sorte que chaque intervention d'un acteur politique sur le changement constitutionnel souhaité se fonde sur un argument particulier et singulier qui oblige à revenir sur le texte, en vue de le rencontrer et le réfuter. Comme on peut se rentre compte, ma réflexion porte sur la République Démocratique du Congo, tout en reconnaissant que mes cogitations sur les questions de changement fallacieux des constitutions se vérifient aussi ailleurs, en Afrique. Aussi, je n'ai pas la prétention d'épuiser le débat sur la question. Les apports des autres me paraissent indispensables pour confrontation des idée, avec seule finalité la paix et le développement de l'Afrique et de la République Démocratique du Congo.

Enfin, l'étude est organisée en quatre chapitres auxquels est annexé un appendice. Il importe, dès lors, premièrement de passer en revue les facteurs justificatifs d'un changement constitutionnel(I) avant d'exposer successivement les garanties de l'Etat de droit démocratique dans la Constitution du 18 février 2006 (II) et de dégager les faiblesses des arguments en faveur du changement de la Constitution du 18 février 2006(III). Pour boucler la réflexion, quelques risques d'un processus constitutionnel confisqué seront mis en évidence(IV).

Introduction aux méthodes des sciences sociales, Toulouse, Primat, 1989, p.134.

L'appendice a pour objectif d'attirer particulièrement l'attention des membres de la Cour constitutionnelle qui pourraient être mis à l'épreuve par un projet de référendum susceptible de remettre en question les dispositions intangibles de la Constitution. Il leur fournit alors les clés de leur argumentaire en vue de contrôler éventuellement la constitutionnalité d'une telle initiative populaire de révision constitutionnelle.

Chapitre premier :

Les facteurs justificatifs d'un changement constitutionnel

Le changement radical et profond d'un système politique a toujours débouché sur une assise juridique nécessitée par l'absence de légitimité aussi bien politique que juridique du régime déchu. En effet, celui-ci a perdu toute capacité de donner des ordres et de se faire obéir et les normes en vigueur ont perdu toute efficacité pour pouvoir être appliquées par leurs destinataires[6]. Bref, phénomène politique au départ, la révolution finit par dicter un encadrement juridique à cette situation d'absence de légitimité. Mais qu'est-ce qui justifie ce bouleversement qui induit l'absence de légitimité ? Deux principaux facteurs créent, à notre avis, les conditions du déclenchement d'une révolution constitutionnelle, à savoir l'absence d'un espace d'exercice des libertés et droits fondamentaux des citoyens (section I) et l'enlisement de tout espoir du bien-être socio-économique (section II).

Section I. L'absence d'un espace ou cadre d'expression des libertés et droits fondamentaux des citoyens

La révolution est fondamentalement le résultat d'un processus de revendications libérales. Lorsqu'un peuple réalise qu'il vit dans un carcan étouffant, créé par un environnement caractérisé par de multiples restrictions aux libertés, son seul instinct est de créer les conditions ou le cadre d'épanouissement de sa liberté. La Constitution étant un acte de liberté, mieux la garantie des droits des citoyens, assurer la liberté politique passe nécessairement par l'élaboration d'une charte des libertés dont

---

[6] Lire pour d'amples détails, BRAS, J.Ph., « Révolution et Constitution : le cas tunisien », in CHARLOT, P. et KLEIN, C., *Emergence de nouveaux modèles de démocratie constitutionnelle. Afrique, Proche-Orient*, Paris, Editions Mare et Martin, 2018, pp.53-54.

les citoyens pourront imposer le respect aux gouvernants[7]. Quoique disposant d'un texte constitutionnel déterminant l'organisation et le fonctionnement des pouvoirs publics, un Etat dans lequel ledit texte n'accorde pas suffisamment de priorité à la jouissance des droits et libertés fondamentaux, où il n'y a pas de mécanismes de protection efficace des droits reconnus aux citoyens, sera considéré comme un espace de privation de liberté.

La deuxième République en RDC est un parfait exemple d'un cadre qui a justifié une révolution constitutionnelle, tant aussi bien son ordre constitutionnel que politique était réfractaire à la promotion des libertés.

§1. L'ordre constitutionnel et institutionnel de la deuxième République

Après avoir mis fin au régime instable de la première République, Mobutu acheva sa révolution en lui donna une assise juridique, à travers l'adoption, le 24 juin 1967, d'une Constitution qui était censée poser les bases d'une démocratie, car les organes politiques étaient équilibrés. Mais cette architecture constitutionnelle fut éphémère, parce qu'elle fut bouleversée par l'institutionnalisation du Mouvement Populaire de la Révolution qui, non seulement devint, le 23 décembre 1970[8], la première institution de la République, mais aussi celle qui dominait toutes les autres. Par cette institutionnalisation du

---

[7] ROUSSEAU, D., *Droit du contentieux constitutionnel*, 6ème éd., Paris, Montchrestien, 2001, p.463.

[8] D'après l'article 2 de la Loi n°70-001 du 23 décembre 1970 portant révision de la Constitution, les principales institutions de la République sont : le Mouvement Populaire de la Révolution ; le Président de la République, Président du parti et chef du Gouvernement ; l'Assemblée nationale ; le Gouvernement ; la Cour constitutionnelle ; les cours et tribunaux. Lire IYELEZA MOJU-MBEY et alii, *Recueil des textes constitutionnels de la République du Zaïre. Du 19 mai 1960 au 28 mai 1991*, Kinshasa, Ise Consult, 1991, p.85.

parti, c'est en réalité la suprématie présidentielle qui était indirectement consacrée[9].

Pour renforcer davantage cette suprématie sur tous les organes du pouvoir et sur toute la nation, Mobutu opéra de nouveau, le 15 aout 1974, une révolution constitutionnelle par laquelle le MPR devint la seule institution politique de la République définie comme « La Nation zaïroise organisée politiquement »[10].

Ainsi, sous l'empire de cette Constitution, il n'exista point de séparation ni de limitation des pouvoirs du Président-Fondateur du MPR, Président de la République. Les droits et libertés fondamentaux des citoyens, quoique formellement consacrés dans les textes, étaient systématiquement et impunément violés par les services de l'Etat[11].

Le juge censé être leur protecteur était soumis à l'autorité du Parti-Etat et à celle de ses dirigeants[12]. Bref, l'espace politique

---

[9] PUNGA KUMAKINGA, P., *Constitutions et constitutionnalisme en Afrique. Cas de la République Démocratique du Congo*, Mémoire de licence, Université de Kinshasa, Faculté de Droit, 2005, p.122.

[10] Article 29 de la Loi n°74-020 du 15 aout 1974 portant révision de la Constitution, in IYELEZA MOJU-MBEY et alii, Recueil des textes constitutionnels de la République du Zaïre. Du 19 mai 1960 au 28 mai 1991, …*Op.Cit.*.

[11] Pour apprécier l'influence négative des services de sécurité sur les libertés des citoyens, lire utilement NZONGOLA NTALAJA, G., *Faillite de la gouvernance et crise de la construction nationale au Congo-Kinshasa. Une analyse des luttes pour la démocratie et la souveraineté nationale*, Kinshasa-Montréal-Washington, Icredes, 2015, pp.199-206.

[12] La soumission de la justice au Parti avait incité à faire du militantisme une condition de recrutement dans la magistrature. Lire à ce sujet KENGO WA DONDO, « Le magistrat et son statut », *Revue juridique du Zaïre*, numéro spécial, 1975, p.19 ; BOSHAB, E., « La misère de la justice et justice de la misère en République démocratique du Congo », *Revue de la recherche juridique. Droit prospectif*, vol.XXIII, n°74, 1998, p.1169 ; BALINGENE KAHOMBO, « La Cour suprême de Justice faisant office de Cour constitutionnelle. Esquisse du bilan de près de cinq ans sous l'empire de la Constitution congolaise du 18 février 2006 », *Librairie africaine d'études juridiques*, Vol.6, juin 2011, p.21. Balingene

était sérieusement restreint au détriment de l'expression des libertés individuelles et collectives, sauf lorsqu'il s'agissait des activités du MPR.

§2. L'ordre politique de la deuxième République

Le Mouvement Populaire de la Révolution symbolisait toute la vie politique de la deuxième République. Il a été véritablement l' « instrument politique »[13] du régime de la deuxième République. Mobutu voyait dans le MPR non pas un parti politique au sens classique, mais comme un véritable appareil idéologique au service de son pouvoir personnel[14].

Le mobutisme en tant qu'idéologie du MPR était la pensée ou la doctrine qui prêchait la vision de Mobutu. Ce dernier avait tout concentré, tout dominé à son seul profit. Il n'y avait aucune limitation à son pouvoir ni à son mandat, car seul lui pouvait être candidat à l'élection présidentielle, en sa qualité de Président-Fondateur du MPR.

L'ordre politique de la deuxième République était caractérisé par la prédominance du MPR et de la pensée de son Président-Fondateur. Une telle influence d'un seul homme ne pouvait qu'entrainer de graves conséquences sur le plan économique et social.

écrit exactement ceci en parlant de la dépendance des magistrats au Parti, de surcroit à son Président-Fondateur : « En effet, c'est lui qui nomme, révoque et nourrit, à sa guise, les magistrats de la CSJ. En outre, comme si cela ne suffisait pas, le peu de pouvoirs qui leur était confié fut confisqué, d'abord par le Comité central du Mouvement Populaire de la Révolution, à travers sa Commission de discipline, puis par l'ancien Département des droits et libertés du citoyen, institué par l'Ordonnance n°86-268 du 31 octobre 1986. L'un et l'autre organe pouvaient casser les arrêts de la CSJ ».

[13] N'GBANDA NZAMBO ko ATUMBA, H., *Ainsi sonne le glas ! Les derniers jours du Maréchal Mobutu*, Paris, Gideppe, 1998, p.36.

[14] *Idem*, p.164.

Section II. L'amenuisement de tout espoir du bien-être socio-économique

Le régime de la deuxième République qui avait suscité à ses débuts tant d'espoirs pour le bien-être des congolais avait fini par désillusionner ceux-ci. En effet, le bien-être évoque ce qu'on appelle techniquement « développement », un progrès socio-économique manifeste par une réduction de la pauvreté.

En effet, après son accession au pouvoir, Mobutu initia en 1967 une réforme monétaire marquée par le remplacement du franc congolais par le zaïre-monnaie. Cette période avait coïncidé avec l'augmentation sur le marché international des prix des produits agricoles (café et cacao) et miniers (cuivre), produits d'exportation des économies africaines et qui faisaient rentrer d'énormes quantités de devises sur le continent. C'est la période de l'essor économique couplé de l'amélioration de la situation sociale des populations.

Cette situation reluisante ne tarda pas longtemps, car dès le début des années 70, il eut chute des prix de ces produits d'exportation et en même temps le pétrole prit le dessus sur le marché, occasionnant ainsi l'apparition, voire l'augmentation des pétrodollars dans les banques occidentales qui cherchèrent à les prêter avec intérêt aux économies du Tiers-Monde en difficulté. C'est pourquoi, entre 1970 et 1974, la RDC s'engagea dans une politique désordonnée d'endettement extérieur, et ce pour des investissements de prestige[15]. Cet endettement devint lourd avec le temps du fait qu'il entraina de grands intérêts dus au rééchelonnement de la dette. D'où l'engrenage de la crise de la dette en dépit des mesures de stabilisation macro-économique proposées par le Fonds Monétaire International mais qui, en réalité, n'ont eu aucun effet réparateur.

Sur le plan économique et social, le régime de la deuxième République était caractérisé par une économie effondrée par la

---

[15] BAHARANYI NACIYIMBA, S., « République Démocratique du Congo : atteinte du point d'achèvement de l'initiative Pays Pauvres Très Endettés : enjeux et perspectives », *Congo-Afrique*, n°448, octobre 2010, pp.650-651.

crise de la dette, complètement extravertie parce que dépendante de l'extérieur et appuyée par l'assistance des Institutions Financières Internationales, en l'occurrence le FMI et la Banque Mondiale(BM). En dépit de cette assistance financière, la gestion des finances publiques était désordonnée, car bafouant toute l'orthodoxie en la matière.

Alors que la dette constituait déjà un trait perceptible et dominant de la crise économique, les mesures de Zaïrianisation (1973) accélèrent la descente aux enfers de l'économie zaïroise[16], qui ne pouvait désormais tenir que grâce à la perfusion des Institutions Financières Internationales. Et les politiques d'ajustement structurel (PAS) du FMI avaient un fatal impact social qu'était la réduction des dépenses de rémunération, voire la suppression d'emplois dans la Fonction publique. La conséquence fut alors la recrudescence du taux de chômage et la pauvreté généralisée des populations. La corruption fut érigée en technique de survie, infestant ainsi l'homme congolais d'innombrables antivaleurs dont la nature intrinsèque de personne humaine fut entachée.

Une telle situation de désespoir pour un quelconque progrès socio-économique n'avait pour seule voie de sortie qu'un changement radical ou révolutionnaire. Et ce changement est bel et bien celui entamé par Mobutu lui-même, poursuivi par Laurent-Désiré Kabila et achevé par une assise juridique ou constitutionnelle par Joseph Kabila.

Ceci est perceptible à travers les engagements constitutionnels pris par le peuple congolais, notamment dans le

---

[16] PUNGA KUMAKINGA, P., « Les interventions du Fonds Monétaire International en République Démocratique du Congo : base juridique, bilan et perspectives », *Librairie africaine d'études juridiques*, Volume 11, juillet 2012, p. 51.

Préambule[17] et l'exposé des motifs[18] de la Constitution du 18 février 2006.

Cette révolution constitutionnelle avait mis en place une Constitution démocratique illustrée par ses principales options ou idées-force. Ce sont ces options démocratiques que le second chapitre se charge de mettre en évidence sous le titre des garanties constitutionnelles de l'Etat de droit et de la démocratie.

Conclusion

L'ambition du chapitre premier était de mettre en relief ou en lumière les facteurs qui justifient un changement constitutionnel pertinent dans un Etat, à savoir l'absence d'un cadre d'expression des droits et libertés fondamentaux des citoyens et l'amenuisement de tout espoir d'un bien-être socio-économique. La Constitution du 18 février 2006, qui a instauré un nouvel ordre politique en RDC passe pour une réponse parfaite à ces deux impératifs ou facteurs, tant l'ordre politique de la deuxième République illustrait cette absence d'espace d'expression des droits et libertés fondamentaux et les perspectives d'un développement socio-économique étaient également absentes.

---

[17] Le peuple fut animé par une volonté commune de bâtir, au cœur de l'Afrique, un Etat de droit et une Nation puissante et prospère, fondée sur une véritable démocratie politique, économique, sociale et culturelle. Pour cela, il décida de mettre fin à l'injustice qui avait élu domicile en RDC, ainsi qu'à ses corollaires que sont l'impunité, le népotisme, le régionalisme, le tribalisme, le clanisme et le clientélisme, qui ont été à l'origine de l'inversion générale des valeurs et de la ruine du pays.

[18] Afin de mettre fin à la crise chronique de légitimité qui sévissait depuis le 30 juin 1960 et qui avait atteint son paroxysme par le déclenchement des conflits armés violents, le peuple congolais représenté par les délégués au Dialogue inter congolais de Sun City, décida de mettre en place un nouvel ordre politique, fondé sur une nouvelle Constitution démocratique.

Le second chapitre démontre que la Constitution du 18 février 2006 possède d'importantes garanties de la démocratie et de l'Etat de droit qu'il importe de capitaliser pour consolider la démocratie congolaise.

Chapitre deuxième :

Les garanties de l'Etat de droit démocratique dans la Constitution du 18 février 2006

La Constitution du 18 février 2006 a souvent été accusée d'être tantôt une Constitution des belligérants, tantôt une Constitution des étrangers[19] ou encore une Constitution adoptée par un Parlement non élu, mettant ainsi en cause sa légitimité[20]. Il s'agit des accusations sans fondement objectif.

---

[19] Evariste Boshab expose en détails ces deux positions qu'il attribue, d'après lui, aux souverainistes et aux contextualistes. Lire BOSHAB, E., *Entre la révision de la Constitution et l'inanition de la Nation*, Bruxelles, Larcier, 2013, pp.129-133 ; 288-289.

[20] Au sujet de la légitimité de cette Constitution, André Mbata qui avait soumis en son temps la Constitution du 18 février 2006 aux tests de conformité aux principes de constitutionnalisme, écrit exactement ce qui suit : « Le test de légitimité veut que la Constitution émane du peuple ou soit approuvée par le peuple en sa qualité de souverain primaire et serve ses intérêts ». Puisque cette Constitution a été approuvée par le peuple congolais et a satisfait aussi bien aux tests de suprématie, de légitimité, de protection des droits de l'homme et de limitation de pouvoir, il ne fait l'ombre d'aucun doute que la Constitution du 18 février 2006 répond à l'idéal du constitutionnalisme et, par conséquent, est démocratique. Lire MBATA BETUKUMESU MANGU, A., « Perspectives du constitutionnalisme et de la démocratie en République Démocratique du Congo sous l'empire de la Constitution du 18 février 2006 », in BULA SAYEMAN (dir.), *Pour l'épanouissement de la pensée juridique congolaise. Liber amicorum Marcel-Antoine Lihau*, Bruxelles-Kinshasa, Bruylant-PUK, 2006, p.192. Répondant à cette critique de défaut de légitimité dans le chef de la Constitution du 18 février 2006, Ambroise Kamukuny a été plus incisif lorsqu'il écrit ce qui suit : « Malgré ces interventions(experts étrangers), qui servent d'argument à l'extranéité du texte constitutionnel congolais du 18 février 2006, l'adoption de son projet par le Parlement congolais, même non élu, et surtout son approbation par référendum populaire du 18 au 19 décembre 2005 semble avoir apporté à ce texte un grand correctif qui fait de la Constitution du 18 février 2006 un texte constitutionnel légitime. Il faut

Certes, les institutions de la Transition qui ont mené le processus constituant étaient issues du partage des responsabilités entre belligérants à l'issue du Dialogue inter congolais, mais il est faux d'affirmer que seuls les belligérants ont rédigé et « octroyé » cette Constitution au peuple congolais, comme si l'on ignorait la présence et l'importance d'autres forces vives de la société civile au sein de ces institutions. Il en est de même des étrangers à qui l'on attribue faussement la paternité de la Constitution du 18 février 2006.

Ce chapitre expose successivement les garanties constitutionnelles de l'Etat de droit et de la démocratie et ce, dans le but de démontrer l'inutilité ou la vacuité des reproches dirigés contre cette Constitution.

Section I. Les garanties constitutionnelles de l'Etat de droit

La Constitution du 18 février 2006 proclame solennellement que la RDC est un Etat de droit[21]. Elle impose aux citoyens l'obligation de respecter ses dispositions et les lois de la République[22]. En plus l'article 168 *in fine* dispose que les arrêts de la Cour constitutionnelle sont obligatoires et s'imposent aux pouvoirs publics, à toutes les autorités administratives et juridictionnelles, civiles et militaires ainsi qu'aux particuliers. Autant des prescriptions constitutionnelles qui attestent de la volonté claire du constituant d'instaurer en RDC un Etat de droit, notamment par le contrôle des actes des pouvoirs publics par le juge.

---

surtout rappeler que dans la finalisation de l'avant-projet de constitution, le Sénat congolais eut même à recourir à des consultations populaires préliminaires sur les différentes options à être levées par le constituant. Voy. KAMUKUNY MUKINAY, A., *Droit constitutionnel congolais*, Kinshasa, EUA, 2011, p.115.

[21] Article 1er de la Constitution.

[22] Article 62 alinéa 2.

§1. L'obligation de respecter la Constitution et les lois de la République

L'Etat de droit est cet Etat dans lequel la règle de droit (la loi au sens large) est impersonnelle, au-dessus et au service de tous, gouvernants et gouvernés. Concrètement, l'Etat de droit veut que la loi soit suprême dans l'Etat[23]. Et lorsque le constituant lui-même impose aux citoyens l'obligation de se soumettre à la règle de droit, il commence par la Constitution avant les lois parce que l'ordre juridique congolais est hiérarchisé et coiffé par la Constitution d'où toutes les lois tirent leur validité et cohérence.

L'Etat de droit étant de nos jours constitutionnel, c'est donc la suprématie constitutionnelle qui régit et oriente les actes des pouvoirs publics et des citoyens. Les pouvoirs publics et les particuliers se soumettent ou sont tenus de se soumettre à la Constitution parce qu'elle traduit le contrat social entre les membres de la société, elle protège et garantit les valeurs que la société considère également comme fondamentales ou essentielles à sa survie[24].

L'obligation de respecter et de se soumettre à la Constitution découle de son importance dans la société. En effet, la Constitution est à la fois l'expression de la volonté du peuple, l'instrument de gouvernement de l'Etat, la loi fondamentale et

---

[23] MBATA BETUKUMESU MANGU, A., *Education à la citoyenneté. Manuel d'enseignement*, 2ème éd., Kinshasa, Galimage, 2011, p.34.

[24] MBATA BETUKUMESU MANGU, A., « Suprématie de la Constitution, indépendance du pouvoir judiciaire et gouvernance démocratique en République Démocratique du Congo », in BAKANDEJA WA MPUNGU, G., MBATA BETUKUMESU MANGU, A. et KIENGE INTUDI, R.(dir), *Participation et responsabilité des acteurs dans un contexte d'émergence démocratique en République Démocratique du Congo. Actes des journées scientifiques de la faculté de droit de l'Université de Kinshasa, 18-19 juin 2007,* Kinshasa, PUK, 2007, p.397.

suprême, le socle des valeurs fondamentales de la société et le pacte fondateur de la société et de l'Etat[25].

En définitive, la suprématie de la Constitution tient au fait qu'elle est fondamentalement liée aux valeurs essentielles qu'elle renferme en son sein, principalement les droits et libertés fondamentaux[26].

Autant la Constitution mérite le respect des citoyens pour l'organisation de l'Etat qu'elle détermine et les droits et libertés qu'elle consacre, autant les lois méritent soumission parce qu'elles réglementent la vie en société en prescrivant ou en interdisant les conduites assorties des sanctions. Les lois contribuent, de ce point de vue, à l'équilibre et à la paix sociale. La vie en société, enseigne Ngoma Binda[27], est impossible sans l'obligation ferme d'obéir à tous les principes et règles, écrits et oraux retenus ainsi qu'à toutes les conséquences qui en découlent. Que dire du contrôle et de la sanction des actes des pouvoirs publics par le juge ?

§2. Le contrôle et la sanction des actes des pouvoirs publics par le juge

L'Etat de droit postule la fin de l'arbitraire dans la société. Même le pouvoir qui est exercé au sein de l'Etat est tenu de respecter le droit, dans son fond tout comme dans les formes qu'il prescrit. De telle sorte que tout acte du pouvoir est dès lors soumis au contrôle du juge pour apprécier sa conformité au droit, mieux à la loi.

---

[25] IDGPA, *Comprendre la Constitution de la République Démocratique du Congo pour mieux la respecter et la protéger*, Kinshasa, 2015, pp.12-15.

[26] PUNGA KUMAKINGA, P., « Le peuple et la suprématie constitutionnelle sous l'empire de la Constitution congolaise du 18 février 2006 », in MANZANZA LUMINGU, Y.J., MIKAMBU LUTONDO, B.A. et PONZO B. KABAMBA, P.(dir), *Intellectuels et responsabilité sociale. Mélanges en l'honneur du Professeur Ignace Matensi Takikangu*, Paris, L'Harmattan, 2022, p.381.

[27] NGOMA BINDA, P., « La culture du respect des textes et de la parole donnée. Condition de réussite de l'Etat de droit et de la démocratie », *Congo-Afrique*, n°407, septembre 2006, p.302.

En général, les actes des pouvoirs publics sont soumis au contrôle des juges de l'Etat[28], en l'occurrence le juge de la constitutionnalité et le juge de la légalité. En RDC, le contrôle des actes du pouvoir législatif et ceux du pouvoir exécutif est réglementé aussi bien par la Constitution que par les lois.

1° Le contrôle des actes du législateur

Aux termes de l'article 160 de la Constitution, la Cour constitutionnelle est chargée du contrôle de la constitutionnalité des lois et des actes ayant force de loi. Les lois et les actes ayant force de loi sont des actes législatifs mais les deux ne procèdent pas de l'activité du législateur entendu dans le sens de l'institution parlementaire. Cependant, les deux actes relèvent de la loi en tant que manifestation de la volonté du législateur exprimée selon la procédure prévue par la constitution[29].

Le contrôle de constitutionnalité marque, dans son histoire, le passage du légicentrisme vers le constitutionnalisme[30]. En effet, par le contrôle de constitutionnalité, les américains voulaient mettre fin à l'hégémonie du parlement prônée par les anglais et de la confiscation de la souveraineté du peuple par ses représentants. Ainsi, la loi expression de la volonté des représentants devait se conformer à la constitution expression de la volonté du peuple. D'où, par ce mécanisme, il fallait proclamer la primauté de la

[28] D'après Gérard Conac, soumettre en effet l'Etat, c'est-à-dire le législateur, le gouvernement et l'administration à un contrôle juridictionnel, c'est adhérer à l'Etat de droit. Voy. CONAC, G., « Le juge de l'Etat en Afrique contemporaine », *Afrique contemporaine*, n°156, avril 1990, p.13.

[29] VUNDUAWE te PEMAKO, F., *Traité de droit administratif*, Bruxelles, Larcier, 2007, p.217.

[30] GREWE, C. et RUIZ FABRI, H., *Droits constitutionnels européens*, Paris, PUF, 1995, p.37.

constitution sur la loi et fondamentalement la volonté souveraine du peuple sur celle de ses représentants, incarnée par la loi[31].

En réalité, en droit congolais, les actes soumis au contrôle de constitutionnalité sont divers. Ils partent des lois et actes ayant force de lois, des édits, des règlements intérieurs des chambres parlementaires, du Congrès et des institutions d'appui à la démocratie, aux traités et accords internationaux[32].

Sans détailler les types et les moments où est censé s'exercer ce contrôle de constitutionnalité, il importe d'indiquer ici que, pour veiller à la manifestation de l'Etat de droit en RDC, la Cour constitutionnelle a déjà eu à contrôler tous ces différents actes émanant du législateur, et plus globalement du parlement. A titre d'exemple, saisie d'une requête du Président de la République datée du 1er aout 2015 par laquelle il sollicitait de la Cour l'appréciation de la conformité de la Loi organique portant organisation et fonctionnement de la Caisse Nationale de Péréquation(CNP), la Cour constitutionnelle, après avoir jugé de manière générale la Loi organique conforme à la Constitution, déclara contraires à celle-ci certaines de ses dispositions, en l'occurrence le paragraphe 4 de l'exposé des motifs et son article 26 en ce qu'ils violaient l'esprit et la lettre de l'article 181 alinéa 4 de la Constitution qui place sous tutelle du Gouvernement cette Caisse, alors que le législateur la plaçait sous tutelle d'un « Conseil de tutelle composé du Premier ministre qui en était le Président et des Ministres ayant la Décentralisation, le Plan, le Budget, les Finances, l'Economie et le Développement Rural dans leurs attributions »[33].

---

[31] PUNGA KUMAKINGA, P., *Constitutions et constitutionnalisme en Afrique. Cas de la République Démocratique du Congo*, Mémoire de licence, Université de Kinshasa, Faculté de droit, 2005, pp.32-33.

[32] Article 43 de la Loi n°13/026 du 15 octobre 2013 portant organisation et fonctionnement de la Cour constitutionnelle, *JORDC*, 59ème année, numéro spécial, Juin 2018, pp.133-153.

[33] CC, R. Const.0094 du 19 août 2005, *Annuaire congolais de Justice constitutionnelle*, volume 1, 2016, p.255.

La Cour constitutionnelle a régulièrement contrôlé les actes ayant force de loi pris en vertu des articles 85, 144 et 145 pour faire face aux circonstances exceptionnelles dictées par la pandémie Covid-19. Par son arrêt R.Const. 1571, elle a par exemple précisé que ces circonstances n'excluaient guère toute garantie juridictionnelle des droits :

> Quoique ce système entraine la réduction des libertés publiques, il ne peut supprimer toute garantie constitutionnelle et légale, en l'occurrence le noyau dur ou le noyau irréductible et incompressible des droits fondamentaux, constitué en droit congolais de l'agrégat des droits et libertés consacrés par l'article 61 de la Constitution.[34]

A plusieurs reprises, la Cour constitutionnelle a déclaré non conformes à la Constitution aussi bien les règlements intérieurs des assemblées législatives que ceux des institutions d'appui à la démocratie. Il en est, par exemple, du règlement intérieur de l'Assemblée Nationale déclaré conforme à la Constitution par l'arrêt R. Const. 891 du 29 mars 2019, mais une conformité assortie des réserves sur les articles 7 alinéa 2, 27 alinéa 2, 54 alinéa 4, 95 alinéa 5, 123 et 216.[35]

Par contre, à travers son arrêt R.Const. 162 du 03 novembre 2015, la Cour déclara non conforme à la Constitution le Règlement intérieur de l'Assemblée provinciale du Haut-Uélé et exigea expressément que les articles 82 point 8, 103, 142, 149 alinéa 1, 203 alinéa 1 et 233 de ce Règlement fussent amendés. Ce qui fut fait et l'arrêt R. Const.323 du 14 septembre 2016 les déclara en fin de compte conformes à la Constitution.

---

[34] CC, R. Const. 1571 cité par KALUBA DIBWA, D., MUKOLO NKOKESHA, J.P. et MATADIWAMBA KAMBA MUTU, Th., *Tendances jurisprudentielles de la Cour constitutionnelle. Discours de la rentrée judiciaire de la Cour constitutionnelle*, Kinshasa, 16 octobre 2021, p.64.

[35] CC, Arrêt R.Const. 891 du 29 mars 2019.

Il importe de noter que la Cour constitutionnelle contrôle également d'autres actes du Parlement qui ne sont pas des actes législatifs. C'est le cas du contrôle de nombreuses résolutions des Assemblées provinciales portant motion de défiance contre les gouverneurs de province. Par exemple, par son arrêt R. Const. 356 du 10 mars 2017, la Cour constitutionnelle jugea que « la motion de défiance adoptée le 28 octobre 2016 par l'Assemblée provinciale de la Tshuapa (contre Monsieur Cyprien Lomboto Lombange) violait les articles 19 alinéas 3 et 61 point 5 de la Constitution[36].

A travers ces quelques exemples, il est plausible que le contrôle des actes du législateur, ou plus globalement du Parlement est bien assuré pour limiter les excès du législateur au profit de l'Etat de droit. Il y a aussi le contrôle des actes de l'exécutif à souligner.

2° Le contrôle des actes de l'exécutif

Les autorités de l'exécutif susceptibles d'être contrôlées par le juge sont le Président de la République, le Premier ministre et les ministres. Toutes ces autorités prennent des actes administratifs aussi bien réglementaires qu'individuels.

Aux termes de l'article 162 alinéa 2 de la Constitution, toute personne peut saisir la Cour constitutionnelle pour inconstitutionnalité de tout acte législatif ou réglementaire.

En droit congolais, les actes réglementaires qui sont soumis au contrôle du juge constitutionnel sont des règlements autonomes pris par le Président de la République en vertu de la Constitution[37] et non ceux en exécution d'une loi.

La doctrine majoritaire congolaise[38] s'accorde à affirmer que seuls les actes réglementaires autonomes peuvent aisément

---

[36] CC, Arrêt R. Const. 356 du 10 mars 2017.

[37] Article 128 alinéa 1er de la Constitution.

[38] Lire à ce sujet NGONDANKOY NKOY-ea-LONGYA, P.G., *Le contrôle de constitutionnalité en République Démocratique du Congo.*

être soumis au contrôle de constitutionnalité de la Cour constitutionnelle. Et d'après Jean-Louis Esambo[39], le contrôle de constitutionnalité des normes réglementaires constitue en RDC une innovation importante vers l'encadrement du pouvoir des gouvernants et permet au juge constitutionnel d'assurer la régulation de l'activité normative des pouvoirs publics.

Si déjà la Constitution consacre cet encadrement des pouvoirs publics, en particulier du Président de la République, il reste que la pratique jurisprudentielle est encore timide sinon titubante, en ce qui concerne le contrôle des actes réglementaires du Président de la République. Très souvent, la Cour constitutionnelle a décliné son incompétence lorsqu'elle était saisie des ordonnances prises par le Président de la République, au motif que ces ordonnances ne sont pas des actes réglementaires. C'est le cas dans son arrêt 1462 lorsque furent déférées par devers elle les ordonnances n°20/108 du 17 juillet 2020 portant nomination des magistrats civils du siège (Cour de cassation) et n°20/116 du 17 juillet 2020 portant nomination des membres de la Cour constitutionnelle[40].

Cependant, nous restons convaincus que la Cour constitutionnelle aurait fait œuvre utile si elle s'était prononcée sur la constitutionnalité de l'ordonnance présidentielle n°15/081

Etude critique d'un système de justice constitutionnelle dans un Etat à forte tradition autocratique, Thèse de doctorat, Faculté de droit, Université catholique de Louvain, 2008, p.192 ; WETSH'OKONDA KOSO, M., *La protection des droits de l'homme par le juge constitutionnel congolais. Analyse critique et jurisprudence (2003-2013)*, Paris, L'Harmattan, 2016, p.91 ; ESAMBO KANGASHE, J.L., *La Constitution congolaise du 18 février 2006 à l'épreuve du constitutionnalisme. Contraintes pratiques et perspectives*, Louvain-la-Neuve, Bruylant-Academia, 2010, p.283 ; KALUBA DIBWA, D., *La justice constitutionnelle en République Démocratique du Congo. Fondements et modalités d'exercice*, Kinshasa-Louvain-la-Neuve, Eucalyptus-Academia-L'Harmattan, 2013, p.416.

[39] ESAMBO KANGASHE, J.L., La Constitution congolaise du 18 février 2006 à l'épreuve du constitutionnalisme… *Op. Cit.*, p.283.

[40] KALUBA DIBWA, D.et alii, Tendances jurisprudentielles…, *Op.Cit.*, p.71.

portant nomination des Commissaires spéciaux du gouvernement chargés d'administrer les nouvelles provinces, étant entendu qu'elle contenait bien des dispositions de portée générale, abstraite et impersonnelle contenue dans l'article 2, en dépit du fait que son article premier était intégralement un acte administratif individuel. Dans son article 2, en effet, son caractère réglementaire était patent, d'après les termes de Symphorien Kapinga.[41]

Les actes administratifs réglementaires et individuels des autres autorités de l'exécutif sont, eux, soumis au contrôle du juge administratif. En effet, dispose l'article 85 alinéa 2 de la Loi organique n°16/027 du 15 octobre 2016 portant organisation et fonctionnement des juridictions de l'ordre administratif, sans préjudice des autres compétences que lui reconnait la Constitution et la présente loi organique, la section du contentieux du Conseil d'Etat connait, en premier et dernier ressort des recours en annulation pour violation de la loi, de l'édit ou du règlement, formés contre les actes, règlements ou décisions des autorités administratives centrales ou contre des organismes publics placés sous leur tutelle ainsi que ceux des organes nationaux des ordres professionnels. Et depuis l'installation du Conseil d'Etat, les contentieux visant les actes des autorités exécutives centrales sont légion.

Les lignes qui suivent évoquent le contrôle des actes juridictionnels.

3° Le contrôle des actes juridictionnels

Formellement le contrôle des actes juridictionnels n'est pas une attribution dévolue à un juge en RDC. La Cour constitutionnelle a, depuis son installation, systématiquement rejeté les requêtes qui lui ont été adressées dans le but de contrôler la constitutionnalité des jugements des juridictions

---

[41] KAPINGA K. NKASHAMA, S., « Cour constitutionnelle face à l'ordonnance n°15/081 portant nomination des Commissaires spéciaux du gouvernement dans les nouvelles provinces (R. Const. 168, Affaire Katako Babandoa et consorts) », *Annuaire congolais de justice constitutionnelle*, volume 1, 2016, p.391.

inférieures des ordres judiciaire et administratif. C'est le cas du jugement enrôlé sous RP 8030 déféré devant elle au motif qu'il violait l'article 34 de la Constitution qui garantit le droit à la propriété individuelle. Sans surprise, la Cour a conclu qu'en tant que décision de justice, le jugement n'est ni un acte législatif ni un acte réglementaire au sens de l'article 162 alinéa 2 de la Constitution et 43 de la Loi organique portant organisation et fonctionnement de la Cour constitutionnelle[42].

A notre avis, dans un Etat de droit, et la RDC l'est en vertu de l'article 1er de la Constitution, aucun acte violant la Constitution, et de surcroit les droits de l'homme consacrés par celle-ci, ne peut échapper à la compétence de la gardienne de la Constitution. C'est en se fondant sur cette ultime mission lui confiée par le constituant que le juge constitutionnel devrait contrôler les actes juridictionnels, surtout lorsqu'ils violent les droits et libertés des citoyens.

Si la Cour constitutionnelle a dû accepter de contrôler la constitutionnalité des actes d'assemblée que sont les motions de défiance contre les gouverneurs, en se fondant sur cette compétence de protection des droits et libertés fondamentaux[43], elle devrait également le faire pour les décisions de justice déférées devant elle pour les mêmes motifs.

---

[42] KALUBA DIBWA, D.et alii, Les tendances jurisprudentielles de la Cour constitutionnelle…, *Op.Cit.*, p.94.

[43] D'après Guillaume Tusseau, les normes constitutionnelles relatives aux droits fondamentaux, qu'elles soient explicites ou implicites, fondent les juridictions constitutionnelles à connaitre de la constitutionnalité des actes des pouvoirs publics déférés par devers elles. Citant l'exemple de l'article 27 de la Constitution Thaïlandaise de 2007 qui prévoit que « les droits et libertés reconnus explicitement, implicitement ou par des décisions de la Cour constitutionnelle sont protégés et lient directement l'Assemblée nationale, le Conseil des ministres, les tribunaux, les organes constitutionnels et tous les organes de l'Etat lorsqu'ils adoptent, appliquent et interprètent les lois ». Lire TUSSEAU, G., *Contentieux constitutionnel comparé. Une introduction critique au droit processuel constitutionnel*, Paris, LGDJ, 2021, p.743.

Fort heureusement, depuis quelque temps, la Cour constitutionnelle a modifié et fait évoluer sa position en mettant fin à l'immunité des actes juridictionnels et ce, en fondant sa compétence sur l'idéal de l'Etat de droit découlant de l'article 1er de la Constitution et sur le fait que l'article 150 alinéa 1er attribue au pouvoir judiciaire, dont la Cour constitutionnelle fait partie, la charge de garantir les droits et libertés individuels[44].

En effet, saisie par la CENI en inconstitutionnalité des arrêts sous REA 183 du 27 mai 2022, sous REA 189/182/190 du 02 juin 2022 et sous REA 179/188/180/184/185 rendus par le Conseil d'Etat en matière de contentieux des résultats des élections des Gouverneurs et Vice-gouverneurs respectivement des provinces de la Mongala, du Maniema et de la Tshopo, la Cour constitutionnelle, après avoir démontré qu'un acte juridictionnel était, à l'instar d'un acte administratif, une norme juridique susceptible d'être soumise à sa censure, a déclaré contraire à la Constitution et partant nul et de nul effet, l'arrêt du Conseil d'Etat sous REA 183 du 27 mai 2022, au motif qu'il a violé les articles 12 et 150 alinéa 2 de la Constitution qui assure à tous les Congolais l'égale protection de la loi, pour le premier et qui soumet les juges à l'autorité de la loi, pour le second[45].

Il reste que cette nouvelle tendance développée par la Cour constitutionnelle ne fait pas l'unanimité aussi bien dans la doctrine que dans l'opinion. D'aucuns parlent déjà d'un dérèglement institutionnel[46] créé par la Cour constitutionnelle et appelle ainsi au dialogue des juges ou des juridictions pour éviter une éventuelle crise des institutions. Ceci ressuscite une question toujours actuelle et récurrente du contrôle du contrôleur, dans la mesure où, lui aussi, peut dévier dans l'accomplissement de sa délicate mission. C'est ici que le peuple est invité à faire preuve

---

[44] CC, Arrêt R.Const. 1800 du 22 juillet 2022.

[45] CC, Arrêt R. Const. 1800 du 22 juillet 2022, vingt et unième feuillet.

[46] L'expression a été prononcée par le professeur Zacharie Ntumba Musuka au cours d'une défense publique d'un mémoire de troisième cycle en droit public à l'Université de Kinshasa.

de maturité pour jouer le rôle d'ultime arbitre dans l'environnement démocratique.

Section II. Les garanties constitutionnelles de la démocratie

Le constituant congolais du 18 février 2006 n'a pas été animé du seul souci d'instaurer un Etat de droit en RDC, mais il a souhaité que cet Etat de droit soit fondé sur une démocratie politique, économique, sociale et culturelle[47]. Ainsi, à travers la Constitution sont consacrés des principes et dispositions servant des garanties pour l'émergence et la consolidation de cette démocratie. C'est le cas de la consécration d'un système des droits et libertés fondamentaux, mais aussi du principe de l'équilibre et de la séparation des pouvoirs, y compris des élections et du pluralisme politique.

§1. La consécration solennelle des droits et libertés fondamentaux

Dans le préambule du texte constitutionnel, le peuple congolais a affirmé adhérer à tous les droits fondamentaux consacrés par les instruments juridiques internationaux ratifiés par la RDC[48]. Il a particulièrement proclamé son attachement à la Déclaration universelle des droits de l'Homme, à la Charte africaine des droits de l'Homme et des peuples, aux Conventions des Nations unies sur les droits de la femme et de l'enfant, etc.

Outre l'adhésion solennelle aux instruments juridiques internationaux ratifiés par le pays, le constituant congolais a accordé une place et une importance particulières aux droits et libertés fondamentaux, en mettant ainsi en exergue la dignité de la personne humaine et la sacralité de la vie, la protection particulière de la femme et des personnes vulnérables, les droits

---

[47] Cfr. Préambule de la Constitution de la RDC, …*Op.Cit.*

[48] En réalité, par cette adhésion solennelle à tous les instruments juridiques en matière de droits fondamentaux disponibles dans le monde, qui font corps avec son ordonnancement juridique interne du fait de la ratification, il ne peut plus y avoir un texte juridique qui échappe à la compétence du juge constitutionnel, juge des libertés, au motif qu'il n'est pas consacré en droit congolais.

économiques et sociaux, les droits de solidarité, sans oublier l'intérêt pour les devoirs des citoyens comme interface aux droits qu'ils sont censés exiger à l'Etat.

Cette forte attention pour les droits de l'Homme dans le texte constitutionnel du 18 février 2006[49] marque une volonté de rupture avec le régime liberticide de la deuxième République mais contre toutes les atrocités commises par les rébellions congolaises, notamment à l'Est de la RDC entre 1996 et 2003[50].

La Constitution du 18 février 2006 consacre cinquante de ses articles aux droits fondamentaux, qui mettent en évidence la dignité de la personne humaine qui doit jouir de ses libertés et qui doit avoir accès aux divers avantages susceptibles de promouvoir son bien-être économique et social. La dignité humaine étant le fondement de tout droit[51], elle précède nécessairement toute organisation du pouvoir[52]. Bien plus, la démocratie et l'Etat de droit que le peuple congolais appelait de ses vœux, étaient censés avoir leurs fondements dans la dignité humaine. Ainsi, la vie qui était autrefois sapée et banalisée devait être réhabilitée grâce à la démocratie instaurée.

---

[49] Sur l'importante place accordée aux droits et libertés fondamentaux par le constituant du 18 février 2006, lire WETSH'OKONDA KOSO SENGA, M., *Les Perspectives des droits de l'Homme dans la Constitution congolaise du 18 février 2006,* Kinshasa, Editions de la Campagne pour les Droits de l'Homme au Congo, 2006, pp.13-28.

[50] C'est à l'instar de la conception moderne du droit international des droits de l'Homme née de la réaction du monde contre l'holocauste commis par les nazis contre les juifs pendant la seconde guerre mondiale. Lire LINDA A. MALONE, *Les droits de l'Homme dans le droit international*, Paris, Nouveaux Horizons, 2004, p.24.

[51] HENNEBEL, L. et TIGROUDJA, H., *Traité de droit international des droits de l'Homme*, 2ème éd., Paris, Pédone, 2018, p.42.

[52] KLEIN, L., « Démocratie constitutionnelle et constitutionnalisme démocratique : essai de classification des théories juridiques de la démocratie », *Revue française de droit constitutionnel*, n°109, mars 2017, p.126.

Pour marquer ce changement qu'il voulait, le constituant a mis l'accent sur le droit à l'égalité[53], le droit à la liberté[54] sous toutes ses formes, le droit à la propriété[55], le droit au travail[56], le droit à l'éducation[57], le droit à la santé et à la sécurité alimentaire.[58] Mais les droits de l'Homme étant indivisibles, il n'y en a pas qui soient plus importants que d'autres. C'est juste pour mettre en évidence le lien que certains droits entretiennent intrinsèquement avec la démocratie qu'ils ont été soulignés. Il reste que tous les droits et libertés ont forcément un lien avec la démocratie. Voilà pourquoi le constituant congolais en a fait une promotion accentuée pour marquer la rupture avec l'ordre ancien. Les pages suivantes mettent en exergue les principes de séparation des pouvoirs, des élections libres et du pluralisme politique comme étant des garanties de la démocratie dans la Constitution du 18 février 2006.

§2. Le principe de séparation des pouvoirs, des élections libres et du pluralisme politique

Le principe de séparation et de l'équilibre des pouvoirs est un des principes matriciels du constitutionnalisme et de la démocratie. Le constituant congolais l'a consacré pour marquer la rupture avec le régime ancien qui s'était rendu célèbre par la concentration des pouvoirs au profit d'une seule institution, voire d'un seul individu.

1° Le principe de séparation et de l'équilibre des pouvoirs

Par l'organisation et surtout la répartition des compétences entre les différentes institutions énumérées à l'article 68, à savoir le Président de la République, le Gouvernement, l'Assemblée nationale, le Sénat et les Cours et tribunaux, le constituant

[53] Article 12 de la Constitution.
[54] Articles 17 à 40.
[55] Article 34.
[56] Article 36.
[57] Article 43.
[58] Article 47.

entendait réduire l'influence d'une seule institution sur les autres au point de les assujettir.

En effet, en dépit du fait que chaque institution possède ses attributions constitutionnelles, le constituant a institué une collaboration fonctionnelle pour permettre un fonctionnement harmonieux du système institutionnel. Ainsi, d'après l'article 69, le Président de la République est le Chef de l'Etat. Il représente la nation et il est le symbole de l'unité nationale. Il veille au respect de la Constitution. Il assure, par son arbitrage, le fonctionnement régulier des pouvoirs publics et des institutions ainsi que la continuité de l'Etat. Il est le garant de l'indépendance nationale, de l'intégrité du territoire, de la souveraineté nationale et du respect des traités et accords qu'il négocie et ratifie au nom et pour le compte de l'Etat[59].

Ces pouvoirs classiques d'un Chef d'Etat sont à l'origine de son prestige en tant qu'institution qui inspire respect et respectabilité. Il est placé, pour cela, au-dessus de la mêlée et par conséquent, des joutes politiques.

Cependant, dans un régime de type présidentiel[60] comme le nôtre, le Président de la République est doté de nombreux

---

[59] Article 213 alinéa 1er de la Constitution.

[60] En disant que notre régime est de type présidentiel, nous ne sommes pas opposés à ceux qui pensent qu'il est parlementaire, du fait de la responsabilité politique du gouvernement devant le parlement qu'il consacre. D'ailleurs, la doctrine majoritaire en RDC opine que le régime institué par le constituant est parlementaire, à l'exception d'Auguste Mampuya qui voyait en ce régime un avatar du régime présidentiel, que les constitutionnalistes occidentaux appelaient présidentialiste. Mais ce régime parlementaire est plutôt semi-présidentiel et c'est dans cette optique que nous disons « de type présidentiel », essentiellement dans son fonctionnement où il tend à se présidentialiser. De ceux qui y ont décelé un régime parlementaire, nous pouvons citer VUNDUAWE te PEMAKO, F. et MBOKO DJ'ANDIMA, J.M., *Droit constitutionnel du Congo. Textes et documents fondamentaux*, vol.2, Louvain-la-Neuve, L'Harmattan-Academia, 2013, p.1064 ; ESAMBO KANGASHE, J.L., *Traité de droit constitutionnel congolais,* Paris, L'Harmattan, 2017, p.205 ; MBATA BETUKUMESU MANGU, A., « Perspectives du

autres pouvoirs qui l'habilitent à influencer l'action gouvernementale, voire l'action des autres institutions sans les inféoder outre mesure.

Ainsi, le Président de la République nomme le Premier ministre[61] qui est le chef d'une autre institution, le Gouvernement. Cette prérogative lui donne un pouvoir supplémentaire sur ledit Gouvernement dont les membres sont également nommés par lui[62]. Il préside en outre les réunions du Gouvernement[63], ce que d'autres Chefs d'Etat, en l'occurrence ceux des régimes parlementaires classiques[64] ne font pas. C'est grâce à ce pouvoir qu'il influence sérieusement l'action du Gouvernement en conformité avec ses promesses de campagne, surtout que la politique gouvernementale est définie en concertation avec le Président de la République[65].

---

constitutionnalisme et de la démocratie en République Démocratique du Congo sous l'empire de la Constitution du 18 février 2006 », in BULA BULA SAYEMAN(dir), *Pour l'épanouissement de la pensée juridique congolaise. Liber Amicorum Marcel-Antoine Lihau*, Bruxelles-Kinshasa, Bruylant-PUK, 2006, pp.210-211 ; WETSH'OKONDA KOSO SENGA, M., *Les perspectives des droits de l'homme dans la Constitution congolaise du 18 février 2006*, Kinshasa, CDHC, 2006, p.63 ; MABAKA MUKWABUHIKA, P. et SEFU THSI-B'EM WADJIBOU, D., *La Constitution de la République Démocratique du Congo du 18/02/2006. Risques et prospectives*, Paris, Editions publisud, 2016, p.41. Mais tous ou presque ont reconnu que ce parlementarisme a été rationalisé, adapté à la situation congolaise pour éviter les crises éventuelles. Vunduawe et Mboko pensent même qu'en période de concordance des majorités, ce régime est de type présidentialiste. C'est ce qui a conforté notre qualification de régime de type présidentiel, tant dans son fonctionnement depuis 2006, il se présidentialise davantage avec la formation des coalitions autour et en faveur du Président de la République.

[61] Article 78 alinéa 1er de la Constitution.

[62] Article 78 alinéa 4 de la Constitution.

[63] Article 79 alinéa 1er de la Constitution.

[64] C'est le cas de l'Angleterre, de l'Allemagne, bref de la majorité des monarchies constitutionnelles et des républiques européennes, excepté la France principalement.

[65] Article 91 alinéa 1er de la Constitution.

Mais pour éviter que le Président de la République n'inféode outre mesure le Gouvernement, le constituant a voulu que la politique nationale soit définie et conduite par le Gouvernement, mais que le Président de la République soit associé dans la définition de cette politique[66].

Dans la pratique, le Gouvernement de la République Démocratique du Congo dont la politique est définie en concertation avec le Président de la République, subit énormément l'influence de ce dernier. C'est plus le programme de campagne du Président de la République qui est mis en œuvre. C'est pourquoi, le régime politique tend à se « présidentialiser » au détriment du parlement qui est à l'origine de sa formation.

Donc, sous le format actuel du Gouvernement, le Président de la République dispose de marges des manœuvres très étendues pour faire appliquer sa vision politique, surtout lorsque la majorité présidentielle concorde avec la majorité parlementaire.[67]

Le Parlement congolais collabore et avec le Président de la République et avec le Gouvernement. En effet, le Président de la République a le pouvoir de s'adresser directement à la nation par des messages, tout comme il communique avec le Parlement par voie des messages qu'il lit ou fait lire[68]. Il a donc, à l'issue de cet exercice, la latitude d'influencer l'activité parlementaire dans le sens de ce qu'il aura communiqué.

---

[66] Article 91 de la Constitution.

[67] Depuis 2006, le Président de la République s'efforce mordicus à faire pencher la majorité parlementaire de son côté pour la transformer finalement en majorité présidentielle, ce qui lui accorde une primauté institutionnelle sans conteste. Même lorsqu'après les élections législatives de 2018, la majorité parlementaire n'a pas coïncidé avec la majorité présidentielle, les deux principales familles politiques(FCC-CACH) ont décidé de pactiser pour former une coalition majoritaire au profit du Président de la République, même si cette coalition n'a pas pu résister longtemps. Cette prééminence présidentielle a joué en faveur du Président pour fabriquer une autre majorité en cours de législature.

[68] Article 77 de la Constitution.

Dans ses rapports avec le Parlement, il y a lieu de mentionner que c'est aussi lui qui promulgue les lois[69] adoptées par le pouvoir législatif et leur donne ainsi force exécutoire. Il dispose aussi d'un moyen de pression sur le Parlement, à savoir la dissolution de l'Assemblée nationale en cas de crise persistante entre celle-ci et le Gouvernement, mais après consultation du Premier ministre et des Présidents des chambres parlementaires[70].

En revanche, le Parlement peut aussi, pour faire pression au Président de la République, user de son pouvoir de poursuite et de mise en accusation susceptible d'aboutir à la destitution du Président de la République[71], tout comme il peut renverser le Gouvernement via sa chambre basse[72].

Cette recherche d'équilibre entre les institutions prévaut aussi dans l'initiative de la révision constitutionnelle, que le constituant a voulu partagée[73], voire démocratisée. Mais avec la révision du 20 janvier 2011, l'inclinaison présidentialiste a été de nouveau perçue à travers le renforcement des pouvoirs du Président sur les provinces, dont les institutions peuvent être déchues par la décision présidentielle[74]. Et pour dénoncer cette présidentialisation de la révision du 20 janvier 2011, Bob Kabamba avait écrit ce qui suit :

> Nous avons doté la RDC d'une bonne Constitution qui permet d'avoir des institutions où aucune institution n'est supérieure par rapport à l'autre. Cette Constitution a été faite pour qu'il y ait une gestion pacifique de l'après-conflit, avec équilibre entre le Président de la République et le Premier ministre, entre le Sénat et l'Assemblée nationale, entre l'Etat central et les provinces, entre la

---

[69] Article 79 alinéa 2 de la Constitution.
[70] Article 148 de la Constitution.
[71] Article 166 de la Constitution.
[72] Article 147 de la Constitution.
[73] Article 218 de la Constitution.
[74] Articles 197 alinéa 7 et 198 alinéa 10 de la Constitution.

gendarmerie et la police, etc. Donc, une série des mécanismes qui permet d'avoir une gestion équilibrée sans que celui qui prend le pouvoir puisse se permettre d'écraser d'autres institutions. C'est cela la philosophie de la Constitution de 2006. En faisant la modification de 2011, on a modifié l'équilibre des institutions. C'est-à-dire que l'on a renforcé le pouvoir du Président de la République par rapport à ce qui a été décidé par référendum en 2006. On n'est plus dans un mécanisme équilibré entre les institutions, mais vers un présidentialisme[75].

2° Le principe d'élections libres, pluralistes et démocratiques

De nos jours, écrit Gérard Conac[76], il ne peut y avoir démocratie sans élections, c'est-à-dire si, au minimum, les représentants du peuple dans les assemblées législatives ne sont pas choisis par élection. Et pour que ces élections soient crédibles, il faut que des règles constitutionnelles définissent d'une part les modalités d'organisation de l'Etat et d'autre part précisent comment seront adoptées les lois par les élus du peuple et éventuellement pour certaines d'entre elles directement par les gouvernés eux-mêmes à l'occasion de procédures référendaires.

On le voit, la démocratie exprime le choix par le peuple de ses représentants[77]. Les modalités de ce choix sont décrites à

---

[75] KABAMBA, B., « La révision de l'article 220 : Bob Kabamba fixe l'opinion », *Le potentiel*, n°5869 du 6 juillet 2013, p.3.

[76] CONAC, G., « Démocratie et élections », in VETTOVOGLIA, J.P de GAUDUSSON, J.B., BOURGI, A., DESOUCHES, C., MAÏLA, J., SADA, H. et SALIFOU, A (dir), *Démocratie et élections dans l'espace francophone*, Bruxelles, Bruylant, 2010, p.26.

[77] D'après Bruno Daugeron, le peuple est réputé parler par les élections. C'est par elles, en effet, qu'est désormais censé s'exprimer une volonté politique, souveraine, non dans la décision du corps politique représenté dans le processus normatif. Voy. DAUGERON, B., *La notion d'élection en droit constitutionnel. Contribution à une théorie juridique de l'élection à partir du droit public français*, Paris, Dalloz, 2011, p.501.

travers les règles posées par la Constitution et les lois. Il n'y a donc pas d'élection qui n'ait pas de base constitutionnelle.

En tant que procédure par laquelle un corps électoral confère un mandat à une ou plusieurs personnes qu'il choisit par son vote[78], l'élection en RDC a nécessairement des fondements constitutionnels[79] directs ou indirects. Sans élection comme moyen d'expression démocratique, la RDC comme Etat moderne ne saurait se doter des autorités ou des institutions susceptibles de conduire à ses destinées.

Depuis l'entrée en vigueur de la Constitution du 18 février 2006, un cycle d'élections périodiques[80] a été entamé pour donner de la vitalité à la jeune démocratie émergente. C'est la preuve que le constituant a voulu un renouvellement des animateurs des institutions, preuve également d'une alternance démocratique des responsables au sein de l'Etat.

Mais il faut ici relativiser l'importance des élections pour la vitalité ou la substance d'une démocratie. En d'autres termes, l'élection n'est pas le seul indicateur déterminant d'une démocratie. La démocratie est une culture des valeurs multiples, en l'occurrence la responsabilité, la recevabilité, l'alternance politique, la compétition libre et régulière, le pluralisme, le respect de l'opposition, la liberté de discussion et de contradiction, la répulsion de toutes les formes de violences politiques, la liberté et l'égalité, le respect des droits et de la

---

[78] Le DIVELLEC, A et de VILLIERS, M., *Dictionnaire du droit constitutionnel*, 11ème éd, Paris, Sirey, 2017, p.150.

[79] Le premier fondement constitutionnel de l'élection se trouve à l'article 5 qui proclame la souveraineté du peuple s'exprimant directement par voie de référendum ou d'élections. Les autres fondements sont relatifs aux prescrits ou aux dispositions qui consacrent les modalités de choix des mandataires du peuple, qu'ils soient Président de la République (article 70, alinéa 1er), députés (article 101), sénateurs (article 104) ou députés provinciaux (197, alinéa 4) et gouverneurs (195 alinéa 2).

[80] Depuis 2006 jusqu'en 2023, quatre cycles électoraux auront été organisés en RDC, soit en 2006 pour le premier, 2011 pour le deuxième, 2018 pour le troisième et 2023 pour le quatrième.

dignité de l'homme...[81] Ce sont tous ces impératifs auquel un peuple est censé se soumettre qui indiquent véritablement la température démocratique d'un Etat.

Le débat ou la liberté de discussion ainsi que l'esprit du compromis sont autant plus importants dans une démocratie que l'élection.

D'ailleurs, la véritable démocratie se fait en dehors de moments électoraux[82], principalement par l'action du juge constitutionnel qui est l'artisan de la démocratie constitutionnelle.

De ce qui précède, un parlement composé des représentants élus n'est pas une garantie absolue d'une démocratie, tout comme un parlement composé des membres désignés peut bien contribuer à la vitalité d'une démocratie par la délibération législative qui privilégierait la raison en lieu et place de la discipline majoritaire et partisane. C'est autant dire que le fait que la Constitution du 18 février 2006 ait été l'œuvre d'un parlement non élu n'est pas déterminant pour qualifier son œuvre de non démocratique. Par contre, il est largement admis

---

[81] DJOLI ESENG'EKELI, J., *Droit constitutionnel*, Tome III : *Régimes politiques comparés*, Kinshasa, DJES, 2016, p.45.

[82] De nos jours, on assiste non seulement à la contestation de l'élection comme le critère prioritaire de la démocratie mais aussi et surtout au déclin de l'institution parlementaire et au représentant qui l'incarne. D'après Dominique Rousseau, avec le temps et l'évolution sociale, le représentant et l'institution qui l'abrite ont perdu leur crédit et leur prestige. Chacun sait aujourd'hui qu'il exprime davantage la volonté de son parti que celle de la Nation, que la loi répond davantage aux impératifs électoraux qu'à ceux de la raison, que les syndicats, les associations, les groupes de pression sont des représentants souvent plus efficaces et influents que les parlementaires, que la discipline majoritaire stérilise la délibération législative, et que le journalisme remplit aussi bien certaines des fonctions que Walter Bagehot réservait jadis au représentant : exprimer l'état d'esprit du peuple, informer et former par le débat public les citoyens, contrôler l'activité des gouvernants. Voy. ROUSSEAU, D., *Droit du contentieux constitutionnel*, 6ème éd., Paris, Montchrestien, 2001, p.468.

que l'inclusivité, le compromis ou le consensualisme, le débat et la consultation populaire qui avaient caractérisé le processus constituant de 2005 répondent parfaitement aux exigences démocratiques[83] que tout autre texte constitutionnel qui serait adopté après une procédure cavalière et confisquée par une majorité, exactement comme ce fut le cas lors de la révision du 20 janvier 2011.

Il y a également la place de l'opposition politique et du pluralisme à rappeler.

3° Le principe du pluralisme et de l'opposition politiques

La Constitution du 18 février 2006 qui établit le Nouvel Ordre Politique en RDC dispose solennellement que le pluralisme politique est reconnu en République Démocratique du Congo[84]. D'après le constituant, les partis politiques concourent à l'expression du suffrage, au renforcement de la conscience nationale et à l'éducation civique. Les partis politiques sont tenus au respect des principes de démocratie pluraliste, d'unité et de souveraineté nationale[85].

Le pluralisme politique postule l'acceptation ou la consécration de la liberté d'opinions politiques. Sur le plan institutionnel, le pluralisme politique est matérialisé par la reconnaissance du multipartisme. Celui-ci est considéré, en démocratie, comme un des moyens de limiter les dérives vers l'Etat patrimonial[86], vers la personnalisation du pouvoir de l'Etat.

---

[83] Par contre, ainsi que l'écrit André Mbata, un texte baptisé « Constitution », qui serait uniquement l'expression de la volonté politique des dirigeants du jour, qui n'aurait aucun imprimatur du peuple et ne s'occuperait que de la légitimation de leur pouvoir ne saurait correspondre à l'idéal du constitutionnalisme ou promouvoir celui-ci. Lire MBATA BETUKUMESU MANGU, A., Perspectives du constitutionnalisme et de la démocratie…, *Op. Cit.*, p.192.

[84] Article 6 alinéa 1er de la Constitution…*op.cit.*

[85] Article 6 alinéas 2 et 3 de la Constitution.

[86] CONAC, G., (dir), *L'Afrique en transition vers le pluralisme politique*, Paris, Economica, 1993, p.28.

Avec le multipartisme, l'accession au pouvoir est ouverte et libre à quiconque en réunit les conditions déterminées par la loi.

Pour rendre opérationnel le vœu du peuple congolais de libérer la vie politique[87], le législateur détermina dès 2004 les modalités pratiques de ce pluralisme politique, en votant la loi n°04/002 du 15 mars 2004 portant organisation et fonctionnement des partis politiques[88] dans laquelle il réaffirme clairement que « le pluralisme politique est reconnu et garanti en République Démocratique du Congo ». Il se manifeste notamment par l'existence de plusieurs partis politiques régis par la présente loi. Il poursuit, en affirmant, que nul ne peut instituer, sous quelque forme que ce soit, un parti unique sur tout ou partie du territoire national, l'institution d'un parti unique constituant un crime de haute trahison puni par la loi[89].

Les partis politiques sont des structures qui alimentent ou donnent de la vitalité à une démocratie. De ce fait, ils partagent les valeurs de compromis et de tolérance, bref ils pratiquent une opposition loyale[90].

Dans leur mission de concourir à l'expression du suffrage, à la formation de la conscience nationale et à l'éducation civique de leurs membres, les partis politiques doivent amener ces derniers à se convaincre du fait que le pouvoir doit se conquérir par les urnes, c'est-à-dire par les élections, à savoir défendre la nation et son intégrité territoriale par tous les moyens et à s'opposer à tout individu ou groupe d'individus qui prend le pouvoir par la force ou l'exerce en violation des dispositions de

---

[87] Il s'agit d'un vœu exprimé déjà au Dialogue Intercongolais à travers la Résolution n°DIC/CPJ/04 du 18 avril 2002 relative à la libéralisation effective et totale de la vie politique et associative en RDC.

[88] Cfr. *Journal officiel de la RDC*, 45ème année, numéro spécial, 18 mars 2004.

[89] Article 1er de la loi n°04/002 du 15 mars 2004 portant organisation et fonctionnement des partis politiques, …*Op. Cit.*

[90] Cfr. « Les partis politiques », http://www.usinfo.state.gov, consulté le 31 mars 2005.

la Constitution[91]. Il s'agit en clair d'une mission de promotion de la démocratie dans l'Etat.

Le fait, par ailleurs, que l'opposition politique ait été reconnue par la Constitution[92], participe bel et bien de la volonté de cimenter la démocratie en RDC. Dans la pensée du constituant, la lutte que doit mener l'opposition pour accéder au pouvoir doit être une lutte démocratique. C'est dire que tous les moyens dont use l'opposition pour la conquête du pouvoir doivent être des moyens démocratiques et légaux, en l'occurrence les élections. Bien plus, dans ses activités intermédiaires, l'opposition politique peut user des déclarations politiques, des manifestations pacifiques, des pétitions et autres écrits, pour marquer sa désapprobation vis-à-vis des pratiques du pouvoir en place.

Conclusion

Comme on le voit, le constituant de 2006 a consacré dans son texte fondamental tout ce qu'il y a de nécessaire pour instaurer en RDC un Etat de droit démocratique. Elle pose de grands principes susceptibles de faciliter l'épanouissement aussi bien de l'Etat de droit que de la démocratie, à savoir le principe de contrôle des actes des pouvoirs publics d'une part, et d'autre part, les principes des libertés fondamentales, de séparation et d'équilibre des pouvoirs, de pluralisme et d'opposition politiques et celui d'élections pluralistes, libres et compétitives. De sorte que la seule responsabilité qui incombe aux acteurs politiques et institutionnels est celle qui consiste à bien appliquer la Constitution. Chercher à trouver d'autres mécanismes à côté de ceux démocratiques déjà consacrés dans la Constitution, serait une entreprise frauduleuse ou tout simplement juridiquement subversive.

---

[91] KABANGE NTABALA, « Organisation d'un parti politique : aspects juridiques », in MABIALA MANTUBA-NGOMA (dir), *Organisation et fonctionnement des partis politiques en RDC*, Kinshasa, Publications de la Fondation Konrad Adenauer, 2004, p.11.

[92] Article 8 de la Constitution.

C'est pourquoi, le chapitre troisième est consacré à mettre en évidence les faiblesses des arguments mobilisés par les protagonistes du changement constitutionnel et à les réfuter systématiquement.

Chapitre troisième :

Les faiblesses des arguments mobilisés en faveur du changement constitutionnel

Dans l'étude des reproches formulés à l'encontre de la Constitution du 18 février 2006, nous allons successivement passer en revue les arguments en faveur du changement constitutionnel provenant des milieux universitaires (section I) ainsi que ceux en provenance des milieux politiques (section II). Nous n'abordons pas ici les arguments de ceux qui avaient critiqué le projet[93] avant son approbation populaire et sa mise en œuvre proprement dite.

Section I. Les arguments en faveur du changement constitutionnel en provenance des milieux scientifiques et universitaires

Deux professeurs d'université ont publié des travaux qui prônent le changement constitutionnel visant à remplacer l'ordre constitutionnel actuel. Il s'agit de Placide Mabaka et d'Isidore Ndaywel. Certes, il y en a d'autres qui défendent la thèse du changement de Constitution, en l'occurrence Emile Bongeli, mais nous ne saurons discuter de leurs arguments tant que leurs études n'ont pas encore été publiées.

§1. La thèse du changement constitutionnel défendue par Placide Mabaka Mukwabuhika

Le professeur Placide Mabaka est l'un des Congolais qui ont scientifiquement critiqué la Constitution du 18 février 2006

[93] C'est le cas de Mukadi Bonyi et de Auguste Mampuya principalement, et dont les critiques, pour ce dernier, ont été rassemblées et publiées dans son ouvrage intitulé *Espoirs et déception de la quête constitutionnelle congolaise. Clés pour comprendre le processus constitutionnel du Congo-Kinshasa,* Nancy-Kinshasa, AMA.Ed.-BNC, 2005.

dans ses principales options jugées risquées, plaidant ainsi pour une Nouvelle Constitution.

Dans son ouvrage[94] consacré à cette critique, il dénonce une forme de l'Etat monstre, un régime politique générateur d'instabilité politique et institutionnelle, une Constitution encline à la violation de la laïcité et de la liberté de conscience.

1. Une forme de l'Etat monstre

D'entrée de jeu, Placide Mabaka affirme que les choix sociaux et politiques opérés par le constituant de 2006 ne semblent pas correspondre aux réalités ou attentes du peuple congolais[95]. Mais lorsqu'il aborde la question de la forme de l'Etat, il reconnait bien que cette question oppose, depuis le début des années soixante, les partisans d'un Etat unitaire et fortement décentralisé aux adeptes du fédéralisme[96]. Cette opposition historique sur la forme de l'Etat n'est-elle pas devenue une réalité congolaise dont le constituant de 2006 devait tenir compte ?

Poursuivant sa critique, l'auteur reproche au constituant d'avoir institué un monstre juridique, une hybridation des structures que l'on pourrait qualifier d'unitarisme à fonctionnement fédéral ou tout simplement un système unitaire à organisation/propension fédérale[97]. Mais lorsqu'il qualifie cette forme de l'Etat, tantôt il affirme que la République Démocratique du Congo est un Etat pré-fédéral ou para-fédéral[98], tantôt il tranche qu'elle est un véritable Etat fédéral[99].

A notre avis, l'auteur aurait pu s'arrêter à dire que la RDC est un Etat unitaire à propension fédérale, parce qu'il apparait, au

---

[94] MABAKA MUKWABUHIKA, P. et SEFU THSI-B'EM WADJIBOU, D., *La Constitution de la République Démocratique du Congo du 18/02/2006. Risques et prospectives*, Paris, Editions publisud, 2016, 119p.

[95] MABAKA MUKWABUHIKA, P. et SEFU THSI-B'EM WADJIBOU, D., *Op. Cit.*, p.32.

[96] *Idem*, p.33.

[97] *Idem.*, p.36.

[98] *Idem*, p.35.

[99] *Idem*, p.36.

vu des rapports verticaux entre le pouvoir central et les entités périphériques, que le constituant a institué un « Etat unitaire décentralisé »[100] aussi bien administrativement au niveau des entités territoriales autres que les provinces qui, elles, sont politiquement décentralisées. Et c'est ici que se situe le vrai problème dans la qualification de Placide Mabaka qui semble oublier que même dans le fédéralisme il y a en réalité une opération de décentralisation.

En effet, écrivent Félix Vunduawe et Jean-Marie Mboko[101], décentraliser, c'est confier l'exercice d'une compétence qui pourrait appartenir aux seuls organes de l'Etat à plusieurs autorités dont chacune n'a en charge qu'une fraction de la collectivité étatique. Par cette technique de décentralisation, il y a une répartition des compétences entre le centre et la périphérie. Et lorsque cette répartition se fait à travers une loi, on parle de la décentralisation administrative ; lorsqu'elle est faite à travers la constitution, on parle de la décentralisation politique qui peut techniquement être qualifiée de « régionalisme

---

[100] Il n'y a pas de doute que le constituant a privilégié la forme unitaire de l'Etat, en décentralisant vers les entités composantes de l'Etat certaines prérogatives. Puisque la décentralisation est politique au niveau des provinces, l'Etat congolais peut être techniquement qualifié d'Etat régionalisé. Et d'après Jacques Djoli, l'Etat régionalisé n'est pas formellement différent de l'Etat unitaire décentralisé. Il se veut une forme extrême de la décentralisation garantie par ailleurs par la Constitution. Il s'agirait, conclut-il, d'une décentralisation politique. Cfr. DJOLI ESENG'EKELI, J., *Droit constitutionnel*, tome 1. *Principes structuraux*, 2ème éd., Kinshasa, EUA, 2012, p.111. Lire également dans ce sens, KAMUKUNY MUKINAY, A. et CIHUNDA HENGELELA, J., « Régionalisation, décentralisation et naissance effective des vingt-cinq nouvelles provinces en RD Congo : défis et perspectives de prévention des conflits », *Congo-Afrique*, n°432, février 2009, p.65 ; NTUMBA LUABA LUMU, *Droit constitutionnel général*, Kinsgasa, EUA, 2005, p.64.

[101] VUNDUAWE te PEMAKO, F. et MBOKO DJ'ANDIMA, J.M., *Traité de droit administratif de la République Démocratique du Congo*, 2ème éd., Bruxelles, Bruylant, 2020, p.378.

politique » ou même de « fédéralisme », la différence entre les deux étant de niveau et non de nature.

Ces deux formes ou modalités de décentralisation peuvent être appliquées dans un seul Etat sans que cela ne soit monstrueux comme le prétend Placide Mabaka. Tout est question de l'étendue des pouvoirs (administratifs pour les unes et politiques pour les autres) accordés aux entités composantes par le pouvoir central. Les Lander en Allemagne, les régions en Italie et les provinces en Espagne sont des entités politiques alors que les communes qui sont organisées en leur sein sont des entités administratives. Alors que l'Allemagne est un Etat fédéral, l'Italie et l'Espagne sont deux Etats unitaires décentralisés politiquement, autrement appelés « Etats unitaires régionalisés »[102].

Dans sa critique de la forme de l'Etat instituée par le constituant du 18 février 2006, Placide Mabaka semble faire de l'amalgame entre le caractère uni de l'Etat congolais (unité) et la forme unitaire. En effet, écrit-il, une telle nouveauté est un risque pour la République démocratique du Congo, en ce sens qu'il va à l'encontre de la volonté des Congolaises et Congolais de rester un peuple uni[103]. En ceci, il insinue que la propension du fédéralisme qui est dans la forme de l'Etat congolais pourrait être une fenêtre ouverte à la division ou au séparatisme. Pourtant, le fédéralisme prône bien l'unité dans la diversité[104]. Il est vrai que dans l'histoire de la RDC, la crainte du séparatisme a été trop exagérée et ce, volontairement pour pouvoir justifier l'unitarisme centralisé à outrance ; mais il n'est pas vrai qu'un lien automatique doive être établi entre, d'une part, le fédéralisme et

---

[102] Lire pour d'amples détails, NTUMBA LUABA LUMU, *Droit constitutionnel général*, Kinshasa, EUA, 2005, pp.64-65.

[103] MABAKA MUKWABUHIKA, P. et SEFU THSI-B'EM WADJIBOU, D., *Op.Cit.*, p.36.

[104] Le fédéralisme américain mis en place par les délégués de treize anciennes colonies anglaises a été conçu pour unir celles-ci dans un Etat qui devrait respecter leurs particularités ou spécificités.

la désintégration de l'unité nationale et, d'autre part, entre l'unitarisme et l'absence totale de volonté séparatiste[105].

Bien plus, Placide Mabaka amalgame la forme de l'Etat instituée d'avec le découpage qui a fait passer le nombre des provinces de dix à vingt-cinq, au point qu'il infère qu'incontestablement, cette redéfinition territoriale est aujourd'hui un moyen possible de matérialisation d'un tel risque[106], à savoir le risque de séparatisme. Il va même plus loin en affirmant que les artisans de cette Constitution – par ce découpage – ont voulu légitimer la scission possible du pays ainsi que la désunion du peuple congolais[107].

Or, le découpage territorial n'est qu'un aménagement géographique de l'espace pour une administration plus ou moins aisée et efficace, qui n'est pas à confondre avec la dévolution des pouvoirs aux entités périphériques en vue du relâchement du pouvoir au niveau central, mais au profit des autorités locales. Cet aménagement territorial, pour le cas de la RDC, a vocation à réduire le gigantisme des espaces à administrer. En tout cas, il ne s'agit aucunement de tout ce qui est reproché au constituant. Accusations non fondées.

2. Un régime politique générateur d'instabilité politique et institutionnelle

Pour accréditer sa thèse justifiant le changement de Constitution, Placide Mabaka dénonce le régime politique institué par le constituant du 18 février 2006 qui, d'après lui, est parlementaire. En effet, écrit-il, le régime parlementaire établi par la Constitution du 18 février 2006 compromet *prima facie* les nécessités essentielles de l'intérêt général, puisqu'il porte en lui les germes de l'instabilité institutionnelle et politique que

---

105 NGOMA BINDA, P., « Unitarisme et fédéralisme : concepts, avantages, inconvénients et option pour le zaïre », in NGOMA BINDA, P.(dir), *Pour une démocratie fédéraliste au Zaïre* ?, Kinshasa, Publications de l'Institut de formation et d'Etudes politiques, 1992, p.11.

106 MABAKA MUKWABUHIKA, P. et SEFU THSI-B'EM WADJIBOU, D., *Op. Cit.,* p.37.

107 *Idem*, p.38.

traverse encore aujourd'hui la République Démocratique du Congo[108]. Il poursuit en disant que le choix du parlementarisme comme régime politique est une erreur de conception institutionnelle, un risque majeur que le fabricant de la Constitution d'une démocratie naissante, comme la République Démocratique du Congo, se devait d'avoir à l'esprit[109].

Concrètement, Placide Mabaka dénonce l'instauration d'une « dangereuse dyarchie au niveau de l'exécutif, mettant alors en compétition certaines attributions du Président de la République, élu au suffrage universel direct, avec celles du gouvernement, dont le chef est issu ou choisi au sein de la majorité parlementaire ».

Il convient tout d'abord de préciser que le régime politique congolais n'est pas parlementaire au sens strict. Il est un régime de type parlementaire, mais aussi de type présidentiel. C'est pourquoi, il serait même approprié de le qualifier de semi-présidentiel, à l'instar du régime politique français. Dire qu'il est parlementaire sans préciser s'il s'agit d'un parlementarisme classique ou rationalisé est une lacune. Quoiqu'il en soit, le régime politique procède de la qualification technique qui est faite de la manière dont les pouvoirs exécutif et législatif collaborent ou tout au moins de la manière dont ils sont organisés.

Pour le cas du régime politique congolais, si la responsabilité politique du gouvernement devant le parlement ou plus précisément devant l'Assemblée nationale, tout comme le droit de dissolution de celle-ci détenu par le Président de la République étaient les seuls traits essentiels, nous pourrions affirmer que ce régime est parlementaire. Mais du fait que le Président de la République n'est pas qu'un chef de l'Etat effacé ; du fait qu'il a un prestige politique énorme découlant de son élection au suffrage universel direct et qu'il est chef de l'exécutif nommant le Premier ministre et présidant le Conseil des ministres, le régime penche indiscutablement vers un type

[108] *Idem*, p.41.
[109] *Idem,* pp.41-42.

présidentiel qui, dès lors, fait de lui un régime mixte, parce qu'alliant les recettes et du parlementarisme et du présidentialisme.

Pour revenir à la dyarchie dangereuse dénoncée, est-ce que c'est le fait que le Président de la République soit élu au suffrage universel direct et que le Premier ministre soit issu de la majorité parlementaire qui pose problème dans cette dyarchie ou il y aurait-il autre chose ? Ou alors, la dyarchie dangereuse découlerait-elle de la concertation imposée dans la définition de la politique de la nation qui génèrerait deux légitimités concurrentes[110] ? Si tel est le cas, il ne devrait y avoir en réalité aucune concurrence dans la définition de la politique nationale, parce qu'il s'agit d'une compétence clairement dévolue au Premier ministre, chef du Gouvernement, mais qui est censé recueillir les avis du Président de la République. En effet, en tant que candidat devant la nation, ce dernier fait des promesses qu'il devrait honorer à travers des prestations gouvernementales. Voilà pourquoi, il devrait également contribuer à la définition de cette politique par le Chef du Gouvernement.

Sur le plan pratique d'ailleurs, c'est plus la vision ou le programme du Président de la République que le Gouvernement met en œuvre, surtout lorsque le Président de la République est chef de la majorité parlementaire. Même dans le cas de non coïncidence de majorité, tout est question de culture politique qui devrait conduire au respect des attributions constitutionnelles. On ne devrait pas faire priorité à l'inculture politique pour justifier les excès dans la pratique institutionnelle. Si de tels excès ont eu lieu dans l'histoire de la RDC, ils étaient tout simplement le fruit de l'inculture politique ou de l'extravagance. La preuve est que depuis 2006, cette prétendue « dyarchie dangereuse » a privilégié une franche et respectueuse collaboration fonctionnelle qui a plutôt réussi.

Dans sa proposition, Placide Mabaka suggère la mise en place d'un régime à commandement unique, mais qu'il qualifie

---

[110] MABAKA MUKWABUHIKA, P. et SEFU THSI-B'EM WADJIBOU, D., *Op.Cit.*, p.42.

« de type présidentiel et accessoirement de type parlementaire »[111]. Vouloir un Exécutif à commandement unique et préconiser en même temps un Gouvernement susceptible « d'endosser et d'assumer la responsabilité politique devant la représentation nationale » parait illogique, voire problématique. Si le Premier ministre devait être un simple collaborateur du Président de la République, tout comme ses ministres, la logique aurait dicté une responsabilité politique devant le Président, Chef de l'Etat et Chef du Gouvernement au nom de qui est conduite la politique de la Nation. A quoi servirait-il que le Gouvernement réponde devant l'Assemblée nationale ? Juste pour la forme ou il devrait y avoir une conséquence ?

Dans l'histoire de la RDC, nous avons déjà expérimenté ce type de régime à commandement unique où le Président de la République était à la fois Chef de l'Etat et Chef du Gouvernement. Nous savons à quoi cela nous a-t-il conduits. Si c'est une « prétendue efficacité qui est recherchée dans la proposition d'un Exécutif à commandement unique, pourquoi devrait-on obstruer l'action du Président de la République, Chef du Gouvernement par la référence à un autre « contrôleur de l'action du gouvernement susceptible d'engager la responsabilité de celui-ci ? Il s'agit là d'un syncrétisme hypocrite.

3. Une Constitution encline à la violation de la laïcité et de la liberté de conscience

La Constitution du 18 février 2006, nous l'avons dit, est la plus généreuse en matière des droits et libertés fondamentaux que la RDC n'ait jamais eue. En dépit de cette générosité du constituant en matière des droits et libertés fondamentaux, Placide Mabaka lui reproche d'avoir fait référence à Dieu aussi bien dans le préambule que dans la formule de prestation de serment à l'article 74[112] et estime, pour cela, que la Constitution du 18 février 2006 devrait être changée parce qu'elle violerait la

---

[111] MABAKA MUKWABUHIKA, P., *Une Nouvelle Constitution pour un Congo Restauré*, Paris, Ed. Espérance, 2024, p.110.
[112] MABAKA MUKWABUHIKA, P., *Op. Cit.*, pp.51-52.

laïcité de l'Etat ainsi que la liberté de conscience pourtant expressément promues[113].

La Constitution est un tout et son interprétation devrait être holistique. En effet, en faisant allusion à Dieu dans le préambule et dans la formule de serment, quelle incitation ou inclinaison à l'Etat religieux y a-t-il ? Dire que la RDC est un Etat laïc exclut-il toute référence à la liberté religieuse ? Y a-t-il un fondamentalisme quelconque dans ces références ? La symbolique de prestation de serment du Président des Etats-Unis, la main posée sur une bible, insinue-t-elle que cet Etat est religieux ? La Loi fondamentale allemande, l'une des meilleures constitutions en matière des droits fondamentaux, consacre dans son préambule cette même expression « conscient de sa responsabilité devant Dieu et les hommes »[114]. Cela signifie-t-il que cette Loi Fondamentale viole la laïcité de l'Etat allemand ? Pourquoi ces références ne constituent-elles pas un risque pour les libertés et droits fondamentaux dans ces Etats mais le sont seulement en RDC qui devrait, pour cela, changer sa Constitution ?

On le voit, tous les arguments avancés par Placide Mabaka pour opérer un changement constitutionnel en RDC sont faibles. Il s'agit tout simplement d'un alibi, car la Constitution en elle-même n'est pas mauvaise mais ce sont les acteurs qui sont censés l'appliquer qui posent véritablement problème. Quel est le point de vue d'Isidore Ndaywel en rapport avec ce projet de changement constitutionnel ?

§2. La thèse du changement constitutionnel défendue par Isidore Ndaywel e Nziem

Isidore Ndaywel propose également un changement constitutionnel qui devrait chasser l'ordre constitutionnel du 18 février 2006. Il expose ses principaux arguments dans un article

---

[113] La laïcité est proclamée à l'article 1er de la Constitution alors que la liberté de conscience à l'article 22 alinéa 1er.

[114] HAMMAN, H., *La conception allemande de l'Etat de droit et ses manifestations concrètes*, Kinshasa, CREEDA, 2018, p.3.

paru aux numéros 574 et 575 de la revue Congo-Afrique[115], mais aussi dans une conférence publique[116] qu'il a tenue le 19 aout 2023 au Collège Boboto de Kinshasa.

Le professeur Isidore Ndaywel a préconisé plusieurs innovations dans sa publication, mais nous voudrions le rencontrer dans deux seulement, à savoir la forme fédérale de l'Etat et l'aménagement d'une capitale politique à Kisangani.

1. La forme fédérale de l'Etat congolais

Avant de passer en revue ses propositions, nous nous attardons aux affirmations préalables qui confortent sa vision de réforme. En effet, il écrit :

> Pour écarter durablement le danger de la partition du territoire national et lutter efficacement contre le pillage systématique des ressources naturelles, si utiles pour assurer le décollage de tout un continent, il est impératif de revoir, toutes affaires cessantes, l'organisation générale du pays »[117]. L'enjeu le plus urgent, poursuit-il, consiste à assurer la réelle maitrise de l'ensemble du territoire national (….).[118]

Pour Ndaywel, c'est l'avènement d'un régime de type fédéral, organisé sur des bases rigoureusement rationnelles, sans rien concéder aux courants centrifuges, qui constitue la seule

[115] NDAYWEL e NZIEM, I., « Avant-projet d'une Nouvelle Constitution de la République Démocratique du Congo (adaptation du projet de Constitution de la Conférence Nationale Souveraine) », *Congo-Afrique*, n°574, avril 2023, pp.330-392 ; NDAYWEL e NZIEM, I., « Avant-projet d'une Nouvelle Constitution de la République Démocratique du Congo (adaptation du projet de Constitution de la Conférence Nationale Souveraine, Deuxième partie : Loi fondamentale régionale) », *Congo-Afrique*, n°575, Mai 2023, pp.474-507.

[116] La conférence avait pour thème : « Du territoire en quête d'Etat à l'Etat maitre du territoire : pour une nouvelle Constitution de la RDC », Kinshasa, Collège Boboto, 19 aout 2023.

[117] NDAYWEL e NZIEM, I., *Op.Cit.* p. 330.

[118] *Idem*, p.331.

garantie réelle contre l'implosion du pays et sa partition sous commande extérieure[119].

Malheureusement, le professeur n'avance aucun argument qui le conforte à affirmer que la forme fédérale de l'Etat serait un frein aux velléités ou aux menaces de partition de la RDC, ni encore en quoi le fédéralisme limiterait-il le pillage des ressources naturelles. Pourtant, il devrait ressortir le lien entre l'efficacité de l'administration fédérale et la capacité de protéger le territoire ainsi que ses ressources souvent pillées.

La défense de l'intégrité du territoire congolais n'est nullement tributaire de la forme de l'Etat, unitaire ou fédérale[120] soit-elle, tout comme d'ailleurs la protection de ses ressources naturelles. Ces deux types de menaces peuvent être perpétrés dans l'une ou l'autre forme de l'Etat si l'autorité de l'Etat est faible. Il faut une force armée dissuasive, comme le tranche avec force Ngoma-Binda[121]. C'est elle qui a la mission de protéger le territoire, ses ressources ainsi que ses institutions. Ce n'est nullement la Constitution qui devrait remplir cette mission.

Par ailleurs, lorsque Ndaywel propose une forme fédérale de l'Etat, il se fonde sur un argument historique qui nous parait très faible : parce que dans leur cheminement, les Congolais avaient adopté ce mode d'organisation, mais sans aboutir à sa mise en œuvre effective[122]. Mais il peut lui être opposé aussi qu'à deux reprises, lorsqu'ils étaient consultés en 1967 et 2006, les

---

[119] *Idem*, p.332.

[120] L'option constitutionnelle pour l'unitarisme ou pour le fédéralisme n'a aucune incidence sur la protection de l'intégrité du territoire, voire sur sa désintégration ou sa partition. Ensuite, il est illusoire de penser que la Constitution peut rencontrer les attentes de tous à la fois. Alors que les professeurs Placide Mabaka et Isidore Ndaywel prônent le changement de Constitution, l'un redoute le fédéralisme au motif qu'il pourrait porter atteinte à l'unité nationale ; l'autre appelle de ses vœux le fédéralisme pour freiner les velléités de partition et le pillage des ressources naturelles.

[121] NGOMA BINDA, P., *Op. Cit.*, p.12.

[122] NDAYWEL e NZIEM, I., *Op.Cit.* p.332.

Congolais avaient adopté une Constitution à forme unitaire de l'Etat.

Ainsi, loin d'avancer des arguments techniques qui justifient l'option fédérale en RDC[123], il balance des arguments historiques et géographiques. L'argument géographique est invoqué d'ailleurs pour justifier le découpage territorial qui devrait accompagner le fédéralisme proposé[124]. Il souhaiterait que la RDC revienne au découpage de six régions correspondant aux six provinces de 1960, auxquelles il faudrait ajouter Kinshasa qui aurait aussi statut de région. Ces six régions (entités fédérées) seraient entre autres l'Equateur, le Kasaï, le Katanga, Kinshasa, Kivu, Région Orientale, Région Occidentale qui correspondrait à l'espace Bandundu-Kongo Central. Mais le professeur ne dit pas comment pourrait être administré un espace

---

[123] Ngoma Binda épingle des arguments techniques efficaces pouvant justifier l'option fédérale en RDC : les dimensions géographique et démographique qui sont susceptibles d'atteindre un niveau de compétitivité et d'efficacité sur le plan économique et intellectuel ; le respect des diversités, dans l'unité, pourrait inciter la maximisation de la puissance créatrice ; le renforcement de la démocratie et de l'élan participatif des citoyens à la gestion du fait de la dé-centralisation des responsabilités ; la stimulation de l'activité économique fondée sur l'émulation des entités. Bref, le fédéralisme crée un puissant courant d'émulation culturelle, intellectuelle et économique là où l'unitarisme étouffe et bloque les énergies créatrices. Voy. NGOMA BINDA, P., *Op. Cit.*, pp.13-20.

[124] Il convient d'ailleurs de nuancer que l'option fédérale proposée par Isidore Ndaywel n'est pas du tout tranchante. En effet, il dit un régime de type fédéral mais pas une fédération, ce qui parait contradictoire, une contradiction que nous avons mise en évidence le jour de sa conférence. Il justifie cette option en disant que les régions ne seront pas des Etats, comme si la seule appellation est déterminante dans la qualification. Les entités de base dans une fédération peuvent être appelées Etats fédérés, régions ou provinces, ce qui importe c'est l'envergure des pouvoirs qui leur sont confiés. De telle sorte que lorsque ces entités sont dotées des compétences politiques de par la Constitution, l'Etat central a la propension d'être une fédération, encore qu'il peut aussi s'agir d'une entité régionalisée (décentralisée politiquement), comme c'est le cas actuellement avec nos provinces.

comme celui de la Région Occidentale (Bandundu et Kongo Central) avec Kinshasa encerclé, alors qu'elle serait aussi une région à part entière.

D'après Ndaywel, les provinces actuelles seraient des entités déconcentrées gérées par des représentants de l'Etat nommés par le Président de la République et qu'il appelle « Commissaires de province »[125]. Si les institutions régionales que sont l'Assemblée régionale et le Gouvernement régional sont des entités fédérées autonomes et donc élues par les citoyens, comme c'est le cas aujourd'hui avec les provinces, quelle garantie y aurait-il que les mêmes conflits et problèmes qui se posent aujourd'hui ne se poseraient pas demain ? Le fait de changer la Constitution changerait-il également les mentalités des acteurs ? L'efficacité de tout système politique dépend de la qualité des hommes appelés à animer les institutions, tant au niveau central qu'à celui des provinces ou régions fédérées.[126]

La structure fédérale de l'Etat congolais que préconise Isidore Ndaywel est composée des régions, entités politiques fédérées dotées de la personnalité juridique et jouissant de l'autonomie garantie par la Constitution[127]. Dans un tel Etat, les rapports de compétence entre le pouvoir fédéral et les structures fédérées sont, en cas de conflit, régulés par un organe juridictionnel, généralement une juridiction constitutionnelle[128].

---

[125] NDAYWEL e NZIEM, I., *Op.Cit.* p.336.

[126] NTUMBA LUABA LUMU, « Expériences des fédéralismes américain, allemand et suisse », in NGOMA BINDA, P.(dir), *Pour une démocratie fédéraliste au Zaïre* ?, Kinshasa, Publications de l'Institut de formation et d'Etudes politiques, 1992, p.91.

[127] Article 3 du projet de Loi fondamentale régionale, *Congo-Afrique*, n°575, mai 2023, p.474.

[128] D'après Ntumba Luaba Lumu, le fédéralisme implique l'existence d'un organe juridictionnel gardien de la « fédéralité » du régime et régulateur de l'équilibre institutionnel entre les organes de l'Etat, ainsi que de la répartition verticale des compétences entre la collectivité globale (Etat fédéral) et ses entités composantes (Etats fédérés). Voy. NTUMBA LUABA LUMU, Droit constitutionnel général, …*Op. Cit.*, p.85.

Mais il y a un problème de droit lorsque l'article 18 du projet de Loi fondamentale régionale dispose ce qui suit :

> Si la Région ne remplit pas les obligations qui lui incombent en vertu de la Constitution, ou d'une loi nationale, le Président de la République peut, à la demande du Gouvernement central, et avec approbation du Sénat, prendre les mesures nécessaires pour que la Région soit amenée, par voie de contrainte, à remplir ses obligations. Pour assurer l'exécution de ladite contrainte, le Gouvernement central a le droit de donner des instructions à la Région et à ses autorités.

Comment le Président de la République ou le Gouvernement peuvent-il donner des instructions à des autorités autonomes d'une région qui est une entité fédérée ? Ne s'agit-il pas là d'un contrôle hiérarchique exercé sur la région par les autorités fédérales ?

Par ailleurs, si la région est définie comme une entité politique fédérée dotée de la personnalité juridique[129], rien n'est dit de la nature juridique des entités composantes de la région énumérées à l'article 73 du projet de Loi fondamentale régionale[130]. Sont-elles des entités territoriales décentralisées dotées de la personnalité juridique ou sont-elles des circonscriptions administratives dépourvues de la personnalité juridique ? En effet, toutes les autorités censées diriger ces entités sont nommées par le Gouverneur de Région, après avis de l'Assemblée régionale[131].

Comment peut-on allier une fédération à une pure déconcentration des entités périphériques ? Que veut finalement le professeur Isidore Ndaywel entre une décentralisation des

---

129 Article 3 de la Loi fondamentale régionale, …*Op. Cit.*

130 L'article 73 dispose que la Ville et le Territoire constituent des entités territoriales de la Région. La Ville est subdivisée en communes, la commune est subdivisée en quartiers, le territoire est subdivisé en secteurs et cités. Le secteur est subdivisé en groupements et villages.

131 Article 51 du projet de Loi fondamentale, …O*p.Cit.*, p.485.

pouvoirs, à travers l'option fédérale, et une recentralisation de ceux-ci à travers le contrôle hiérarchique des entités composantes de la région ? Il y a là une juxtaposition de deux situations juridiques difficilement conciliables.

2. L'aménagement d'une capitale politique à Kisangani

Pour Ndaywel, Kinshasa est peu sensible aux réalités de l'arrière-pays. Il faut une seconde capitale, essentiellement politique à Kisangani pour pouvoir bien lutter contre les guerres de l'Est avec l'exploitation illégale des ressources naturelles qu'elles entrainent. Si l'idée de proximité peut être pertinente dans la logique de la décentralisation, il n'en reste pas moins vrai que l'aménagement d'une capitale politique à Kisangani soit déterminant pour la lutte efficace contre l'insécurité dans les régions orientales du pays. Tout est question d'efficacité dans le contrôle du territoire, de l'exercice de l'autorité de l'Etat sur l'ensemble de celui-ci. Aujourd'hui, le ventre mou du territoire congolais est l'Est mais demain ça pourrait bien être l'Ouest de la République, avec l'enjeu pétrolier entre l'Angola et la RDC, l'enjeu hydrologique avec les pays du bassin du Lac Tchad. Devrait-on, après avoir déplacé le siège des institutions politiques à Kisangani, faire un *come-back* avec le pourrissement éventuel de la situation sécuritaire à l'Ouest ou au Nord-Ouest ?

Le problème fondamental de la gouvernance de la RDC est un problème du leadership éclairé et entièrement voué à la cause de la République et de ses populations. C'est un problème d'aménagement du pouvoir, de responsabilisation des populations et des autorités locales pour qu'elles travaillent efficacement pour relever les défis locaux. Pour cela, la vraie décentralisation telle qu'elle est prévue actuellement suffit, si et seulement si on veut l'appliquer correctement et de bonne foi. Lorsque les textes décentralisent mais les acteurs évoluent dans une logique de recentralisation, on peut bien changer de Constitution, y compris de capitale, rien ne changera en RDC. Tant que les fantômes du passé continuent de hanter les acteurs politiques congolais, tant qu'on oublie vite les méfaits de la centralisation à outrance connue sous la deuxième République, les mêmes causes produiront les mêmes effets. C'est malheureusement ce que le régime du Président Tshisekedi veut faire, comme le démontre la deuxième section ci-après. Quels sont les arguments pour le changement de la constitution du milieu politique ?

Section II. Les arguments en faveur du changement constitutionnel en provenance des milieux politiques

Il s'agit ici de rencontrer les arguments des acteurs politiques qui envisagent le changement de constitution en remplacement de celle du 18 février 2006. Parmi ces acteurs, il faut premièrement citer le Président de la République en fonction, Monsieur Félix-Antoine Tshisekedi, mais aussi ses partisans de l'Union sacrée.

§1. La thèse du changement constitutionnel défendue par le Président Félix Tshisekedi

Les idées du Président de la République qui montrent sa volonté d'opérer une révolution constitutionnelle sont contenues dans certaines de ses sorties médiatiques, en l'occurrence des interviews accordées aux journalistes successivement en marge des festivités du 30 juin 2023, sur le thème « Le Président de la République répond aux questions de la population sur la vie nationale » ; pendant la campagne électorale en décembre 2023 et lors de son voyage en France en mai 2024 pour une visite officielle, sans oublier son meeting du 23 octobre 2024 à Kisangani.

A travers toutes ces interviews, le Président s'est préoccupé tantôt de la question de la décentralisation politique instituée par le constituant et qui implique que les exécutifs provinciaux soient élus par les populations, mieux émanant des populations au travers des Assemblées provinciales, alors que lui rêve de nommer directement les gouverneurs de province ; tantôt par la question de la participation des présidents des Assemblées provinciales à la Conférences des Gouverneurs ; tantôt par la question du retard d'installation des institutions à la suite des élections. Par contre, ses partisans qui interviennent sur les médias sont préoccupés par la limitation des mandats qu'il faut lever.

1. La nomination des Gouverneurs de province par le Président de la République

Au cours de son échange avec la journaliste, le Président de la République avait fait malheureusement le lien entre l'élection des gouverneurs par les Assemblées provinciales et l'exacerbation du tribalisme au niveau des provinces, comme s'il y avait entre les deux une relation de cause à effet. Ensuite, il avait dénoncé la dégradation de la situation des populations en province, alors que les gouverneurs détournaient les moyens mis à leur disposition pour le développement. Enfin, il ne comprenait pas pourquoi un gouverneur qu'il investissait par ordonnance devait être à la merci des députés provinciaux qui pouvaient, à tout moment, le renverser par motion de défiance.

Pour toutes ces raisons, il envisagea la nomination des gouverneurs par le pouvoir central, si seulement les Congolais lui accordaient un second mandat. Il devait donc obtenir une modification ou un changement de Constitution. Mais, il entendait conserver l'élection des députés provinciaux par les citoyens des provinces.

Pour appuyer ses idées, le Président de la République a avancé que ce système de nomination des gouverneurs, y compris les non-originaires, avait réussi sous la deuxième République. Bien plus, il était conforté dans sa vision par les exemples français et angolais où les préfets(France) et les gouverneurs de province(Angola) sont nommés par le pouvoir central, notamment par le Président de la République.

On le voit, les idées du Président de la République en rapport avec le changement de l'ordre constitutionnel sont claires. La question de la nomination des gouverneurs n'est qu'un épiphénomène. C'est l'arbre qui cache la forêt. En réalité, sa vraie cible est le noyau dur qui contient les matières intangibles, en l'occurrence l'autonomie des provinces et la limitation du nombre des mandats présidentiels.

Pour revenir à la nomination des gouverneurs, il importe d'apporter un éclairage sur certaines affirmations du Président de la République. D'abord, notre organisation administrative n'est pas identique à celle de la France ni à celle de l'Angola qui l'ont inspiré. Nous avons au niveau des provinces mis en place une décentralisation politique (régionalisme politique) qui accorde aux provinces une autonomie politique, laquelle implique l'élection des autorités provinciales, en plus de la gestion des affaires provinciales suivant le principe de la libre administration[132]. Par conséquent, nommer les gouverneurs parce que les préfets en France sont nommés, ainsi que les gouverneurs angolais, c'est ignorer superbement la lettre et l'esprit de la Constitution en ses articles 3 et 220 alinéa 2 *in fine*. Si ces deux pays prévoient la nomination de ces autorités, ça signifie que les départements en France, en plus d'être des collectivités décentralisées avec des autorités élues, sont aussi des circonscriptions déconcentrées avec des représentants de l'Etat à leur tête. Il doit en être le cas pour l'Angola dont les provinces sont dirigées en même temps par des gouverneurs et des commissaires. Donc, le degré d'autonomie n'est pas le même pour pouvoir réserver le même traitement aux gouverneurs de province en RDC.

Ensuite, prétendre que le fait que les provinces sont dirigées par les originaires exacerbe le tribalisme n'est pas vrai du tout. Si tribalisme il y a dans les provinces congolaises, ce n'est pas la nomination des gouverneurs qui viendrait juguler le phénomène. Bien plus, il n'est pas aussi vrai que la pratique sous la deuxième République avait totalement réussi, c'est-à-dire qu'elle aurait fonctionné sans un moindre écueil. Il faut ici nuancer et faire la part des choses : le contexte politique de la deuxième République n'est pas à comparer avec celui d'aujourd'hui qui est démocratique, avec la décentralisation comme technique d'organisation administrative.

---

[132] L'article 3 alinéa 1er de la Constitution dispose que les provinces et les entités territoriales décentralisées de la République Démocratique du Congo sont dotées de la personnalité juridique et sont gérées par les organes locaux. L'alinéa 3 ajoute qu'elles jouissent de la libre administration et de l'autonomie de gestion de leurs ressources économiques, humaines, financières et techniques.

En effet, les gouverneurs de province nommés dans le contexte de l'autoritarisme étaient des agents de l'Etat qui avaient des instructions à protéger le pouvoir du Parti dans leurs provinces, et ils n'avaient véritablement pas de compte à rendre aux populations administrées mais au seul pouvoir central. Cette posture avait fini par entrainer un désengagement du peuple vis-à-vis du Parti-Etat et un blocage du développement économique[133]. Ils étaient fréquemment d'ailleurs en perpétuel conflit avec les organes délibérants (Assemblées régionales) élus, parce que justement ils disaient n'avoir des comptes à rendre qu'au Chef de l'Etat et au Commissaire d'Etat à l'Administration du territoire et ignoraient complètement le rôle de contrepoids de l'organe délibérant.[134] Même si quelques rares cas des gouverneurs non-originaires sont souvent cités en exemples comme ayant réussi[135], le professeur Mbaya Ngang, qui avait lui-même fait l'expérience des gouverneurs aussi bien originaires que non-originaires, écrit ceci pour décrire la situation controversée des gouverneurs non-originaires :

> Il s'est avéré que pendant toute la deuxième République, tous les territoriaux qu'on envoyait dans nos régions étaient accusés des prédateurs, sans initiative, sans motivation, sans amour du travail. En bref, ce n'était que des détourneurs des deniers publics. Le tout parce qu'il n'y avait pas un amour de la région[136]. Ces gouverneurs non-

---

[133] MABIALA MANTUBA NGOMA, « Le fédéralisme dans l'histoire politique du Zaïre », in NGOMA BINDA, P.(dir), *Pour une démocratie fédéraliste au Zaïre* ?, Kinshasa, Publications de l'Institut de formation et d'Etudes politiques, 1992, p.45.

[134] Idem, p.46.

[135] Il s'agit des exemples de Konde Vila Kikanda au Nord-Kivu, Munkamba à l'Equateur et Koyagialo au Shaba.

[136] MBAYA-NGANG KUMABUENGA, *Droit constitutionnel et tradicentrisme des institutions politiques du Zaïre 1960-1997*, Kinshasa, Ergo sum, 1997, pp.117-118.

originaires étaient même traités comme des conquérants[137].

La paupérisation grandissante dans les provinces est un problème qu'il convient de comprendre à deux niveaux, pas seulement en incriminant les gouverneurs. Le premier niveau est celui des textes régissant la décentralisation qu'il faut respecter et faire respecter. La décentralisation sans autonomie financière est une décentralisation de pacotille ou en trompe l'œil[138]. En d'autres termes, pas de décentralisation si les provinces ou les ETD n'ont pas la libre gestion des finances qui leur reviennent. Et cette question des finances provinciales a été réglée par la Constitution à son article 175.

Le Président de la République, garant du bon fonctionnement des institutions, devrait se préoccuper de savoir pourquoi l'autonomie financière des provinces[139] impliquant la

---

[137] Si avec un non-originaire, écrit Mbaya-Ngang, les vieux problèmes de tribalisme ne se posaient pas tellement, d'autres problèmes surgirent cependant. Des tribus qui ne se trouveraient pas à la tête de ces entités rejetaient directement l'autorité de ces nouveaux conquérants. Ces attitudes produisaient les mêmes blocages du développement observés durant la deuxième République. Voy. MBAYA-NGANG KUMABUENGA, *Op. Cit.*, p.115.

[138] D'après Charles DEBBASCH, *Science administrative*, 4ème éd., Paris, Dalloz, 1980, p.232, la question de l'autonomie financière reste ainsi une matière singulière vulnérable, au cœur de l'échec de plus d'une politique de décentralisation. La question constitue d'ailleurs en RDC le véritable goulot d'étranglement de la politique de décentralisation depuis sa mise en œuvre effective en 1982 jusqu'à ce jour sous le régime de la Constitution du 18 février 2006.

[139] De toutes les évaluations faites sur la crise de la décentralisation dans les provinces, la responsabilité du pouvoir central a été chaque fois mise en évidence et dénoncée. Aux concertations nationales de 2013, il a même été conclu que la résistance du pouvoir central à mettre en œuvre les dispositions applicables en matière de décentralisation financière était une des causes de la rupture de la cohésion nationale. Lire pour s'en convaincre, Rapport final du groupe thématique « Décentralisation et renforcement de l'autorité de l'Etat », Kinshasa, 26 septembre 2013, p.11 ; NIAMH GAYNOR, « Gouvernance locale, conflits et consolidation de la paix en République Démocratique du Congo »,

retenue à la source par les provinces des recettes à caractère national mobilisées sur l'étendue de leurs juridictions n'est pas, depuis l'entrée en vigueur de la Constitution, respectée ? Si cette autonomie n'est pas respectée, c'est de la responsabilité du Gouvernement central qui a décidé de ne pas appliquer cette disposition constitutionnelle. En effet, c'est le fameux compromis de la conférence des gouverneurs de 2009 à Kisangani[140] qui avait neutralisé l'article 175 de la Constitution, en conseillant aux gouverneurs de continuer de se contenter de la rétrocession qui se pratique selon les humeurs et le bon vouloir du Gouvernement central.

D'aucuns avaient argué que cette disposition, appliquée à la lettre, était de nature à créer des déséquilibres entre les provinces, étant donné que certaines d'entre elles n'avaient pas les ressources mobilisatrices des recettes à caractère national et seraient, par conséquent, défavorisées[141]. Dans un Etat de droit,

---

Rapport de recherche élaboré en collaboration avec le programme Gouvernance et Genre de Trocaire RDC, juin 2013, p.29 ; GEROLD, G., « RD Congo : l'échec des pouvoirs provinciaux, une nouvelle étape dans la déconstruction de la troisième République », *Les Cahiers de l'Est/East African Review*, vol.48, 2014, pp.69-72 ; MBEBWA KALALA, JP., « La stratégie nationale de décentralisation et de développement : analyse et perspectives », *Afrique et Développement*, vol.28, FCK, 2008, p.10 ; Rapport général du Colloque international sur la Gouvernance des provinces organisé par l'Université de Lubumbashi, Lubumbashi, 12-13 juin 2023, p.4 ; PUNGA KUMAKINGA, P., « Autonomie des provinces et problématique du principe constitutionnel de la retenue à la source de 40% des recettes à caractère national. Essai d'évaluation à mi-parcours », in KUMBU ki NGIMBI, J.M.(dir), *La décentralisation territoriale en République Démocratique du Congo. Bilan et perspectives*, Kinshasa, Editions de la Campagne Nationale des Droits de l'Homme au Congo, 2014, p.144.

[140] A la première conférence des gouverneurs de province tenue les 24 et 25 juin 2009, à Kisangani, il été convenu de l'institution d'un ordre de paiement permanent auprès des succursales de la Banque centrale pour les dotations au profit des provinces. Lire OBOTELA RASHIDI, N., « Afrique-Actualités », *Congo-Afrique*, n°437, septembre 2009, p.555.

[141] MABI MULUMBA, E., « Décentralisation et problématique de la fiscalité », *Congo-Afrique*, n°432, février 2009, p.131.

lorsqu'une disposition constitutionnelle est difficile à appliquer, on se réfère au juge constitutionnel pour en dégager le vrai contenu susceptible de faciliter son application. C'est dans cette logique qu'une Constitution devient vivante[142]. La difficile application d'une disposition ne devrait pas inciter à trouver une solution en dehors de la Constitution[143].

Si les provinces avaient les moyens de leur politique et que ceux-ci étaient dilapidés par les Gouverneurs, ces derniers devraient engager leur responsabilité devant les cours et tribunaux et non devant le Président de la République, sous prétexte qu'il ne les contrôle pas bien parce qu'ils n'ont pas été nommés par lui. En d'autres termes, les Gouverneurs détourneurs des deniers publics mis à leur disposition pour les projets de développement de leurs entités ne pourraient être valablement sanctionnés que s'ils étaient nommés par le Président de la République ? Si le problème est ainsi posé, il s'agit véritablement d'un prétexte.

Il faut libérer la décentralisation et l'autonomie des provinces si nous voulons voir ces entités s'épanouir, mieux se développer. Ce n'est pas le changement de Constitution, qui accorderait au Président de la République un pouvoir de nomination des Gouverneurs de province qui impulserait,

---

[142] Dans sa mission d'interprétation de la Constitution, il arrive souvent que le juge constitutionnel prenne en compte les valeurs dynamiques comme l'adaptation du droit à l'évolution de la société. Il s'agit de donner aux problèmes d'interprétation la solution la plus favorable aux besoins de la société. Ainsi, la prise en compte de cette valeur contribue à faire de la Constitution un « acte vivant », c'est-à-dire un acte appelé à évoluer, un espace de création continue des droits. Lire DEMBA SY, « Le juge, la Constitution et les valeurs », in MADIOR FALL, I.(dir), *Théorie et contentieux constitutionnels en Afrique. Mélanges en l'honneur du Professeur El Hadj Mbodj, vol.2 : Contentieux constitutionnel,* Dakar, L'Harmattan-Sénégal, 2022, p.678.

[143] PUNGA KUMAKINGA, P., Autonomie des provinces et problématique du principe constitutionnel de la retenue à la source de 40% des recettes à caractère national. Essai d'évaluation à mi-parcours, …*Op. Cit.*, p.142.

comme par magie, le développement de ces entités si le *modus operandi* reste le même.

En effet, les Gouverneurs sont aujourd'hui les otages de certains leaders politiques basés à Kinshasa. Et lorsqu'ils tentent de revendiquer leur autonomie ou se comporter en autorités autonomes, ils sont évincés par des motions de défiance téléguidées par leurs « protecteurs » en signe de désaveu. Pour ne pas perdre leurs postes, la plupart d'entre les Gouverneurs préfèrent se comporter en valets, n'ayant aucune initiative personnelle de développement. Ils sont même obligés de partager avec leurs « protecteurs occultes » les petits moyens financiers à leur disposition pour le besoin de conservation de leurs postes. Quel développement devrait-on attendre d'une province dirigée par un Gouverneur qui vit dans un tel carcan ?

En dehors des pesanteurs politiques en direction du pouvoir central, il y a au niveau provincial une guerre de leadership qui oppose souvent les deux autorités provinciales que sont le Président de l'Assemblée provinciale et le Gouverneur.

Le cas de figure de cette guéguerre a été vécu à Kinshasa[144] sous les yeux du Président de la République et de toutes les autorités aussi bien politiques, judiciaires que sécuritaires et ce, au détriment du développement et de l'épanouissement des populations kinoises.

Le diagnostic fait dernièrement sur la gouvernance des provinces à l'occasion du colloque international organisé par l'Université de Lubumbashi est arrivé à la conclusion que le

[144] Les coups-bas, les lettres et des échanges intempestifs par personnes interposées, les batailles politiques au sein de l'hémicycle et même devant les instances judiciaires prouvent à suffisance qu'il y avait un malaise profond entre l'exécutif de Kinshasa et le Président de l'organe délibérant, qui avait comme conséquence l'abandon des vrais problèmes de gouvernance auxquels ils devaient s'attaquer pour le développement de la Ville de Kinshasa. Tout cela n'avait fait que trop duré et ce, sous la barbe du Président de la République garant du bon fonctionnement des institutions, du Sénat comme représentant les provinces au niveau des institutions centrales et de hautes autorités judiciaires.

problème de l'instabilité politique qui y sévit est avant tout un problème d'hommes. Soit que l'instabilité est subie, du fait du bon vouloir du Pouvoir central ou des autorités morales, soit qu'elle est entretenue par les institutions provinciales[145], principalement par les Présidents des Assemblées et les gouverneurs. Il ne s'agit nullement et en aucun cas d'un problème de Constitution. Un autre argument évoqué par le Président de la République, voire par ses partisans est celui du retard enregistré dans le processus de mise en place du gouvernement à la suite des élections.

2. Le retard pris dans le processus d'installation des institutions après les élections

Si dans les interviews qui ont précédé celle accordée aux journalistes en marge de sa visite officielle en France, en mai 2024, le Président de la République évoquait plutôt la possibilité d'une révision constitutionnelle, c'est à l'occasion de la dernière qu'il a ouvertement envisagé le changement de Constitution. Ceci parait comme une stratégie de communication, dans une logique de progression vers l'objectif ultime qu'il s'est fixé, en préparant, bien évidemment l'opinion à acquiescer ce changement voulu par lui et ses partisans. La logique est celle de l'indexation, mieux de la diabolisation de la Constitution du 18 février 2006.

Puisque, d'après le Président de la République, c'est davantage le retard enregistré dans la mise en place du Gouvernement dont le lien avec l'Assemblée nationale est techniquement logique, c'est sur cette question que nous envisageons le rencontrer, pour prouver qu'il est trop facile d'accuser la Constitution devenue, sur le coup, un « bouc émissaire » alors qu'il y a des responsabilités à établir ailleurs, si l'appréciation n'est pas truffée des préjugés.

D'après le Président de la République, la procédure de mise en place du Gouvernement serait lourde parce que non

---

[145] Lire le Rapport général du Colloque international sur la Gouvernance des provinces organisé par l'Université de Lubumbashi, Lubumbashi, 12-13 juin 2023, p.3.

seulement elle passe par une mission d'identification d'une coalition majoritaire d'un mois une fois renouvelable mais aussi elle dépend de l'installation préalable du bureau définitif de l'Assemblée nationale, étant entendu que le gouvernement est investi par celle-ci, avant son entrée en fonction.

Pour mieux rencontrer cet argument, il importe de relire l'article 78 de la Constitution qui est visé par le Président de la République comme responsable du retard dans la mise en place du gouvernement. En effet, l'article 78 dispose :

> Le Président de la République nomme le Premier ministre au sein de la majorité parlementaire après consultation de celle-ci. Il met fin à ses fonctions sur présentation par celui-ci de la démission du gouvernement.
>
> Si une telle majorité n'existe pas, le Président de la République confie une mission d'information à une personnalité en vue d'identifier une coalition.
>
> La mission d'information est de trente jours renouvelables une fois.
>
> Le Président de la République nomme les autres membres du gouvernement et met fin à leurs fonctions sur proposition du Premier ministre.

Tout d'abord, il faut préciser que le principe consacré en vue de la nomination d'un Premier ministre formateur du gouvernement est la présence d'une majorité parlementaire à l'Assemblée nationale, la coalition étant ici une exception du principe, à savoir la détention d'une majorité absolue par un parti. Si un parti parvient à réunir seul une majorité absolue, soit deux cents cinquante et un (251) députés, la mission d'information ne servirait à rien.

Ensuite, dans l'hypothèse d'une mission d'identification d'une coalition majoritaire, le délai imparti étant indicatif, rien n'oblige l'informateur à consommer tout ce temps, lorsque la tâche lui est facilitée par une coalition a priori identifiable, comme c'est le cas en RDC où les plateformes électorales donnent déjà des indications claires d'une coalition majoritaire au soir de la proclamation des résultats des législatives. C'est justement ce qui a poussé Auguste Mampuya à écrire ceci, pour détruire ce prétexte de la nomination d'un informateur : « Quand il y a eu élections, ils ont fêté en disant que l'Union Sacrée a tout raflé. Donc, il y avait une majorité. La nomination d'un informateur n'était pas nécessaire. Augustin Kabuya, je le connais mais je suis désolé, il n'avait pas à être nommé[146].

Pour le cas d'espèce, ce n'est pas le travail effectué par Augustin Kabuya qui a, sur le fond, fait identifier la coalition majoritaire, celle-ci ayant été identifiable dès la proclamation des résultats par la CENI. Même s'il s'agit d'une formalité administrative prescrite par la Constitution, l'informateur Kabuya n'avait pas à faire une semaine pour ce travail qu'il avait déjà entamé et clôturé en sa qualité de membre du présidium de l'Union Sacrée de la Nation. Bien plus, nommé le 07 février 2024, il avait déposé son rapport le 26 février 2024, soit 19 jours après, parce qu'il n'avait pas à faire trainer le processus. N'eût été la reconduction de la mission par le Président de la République, soit disant « pour compléter son rapport par certains éléments structurants qui faciliteront la conclusion d'un accord de Gouvernement entre les membres de la coalition majoritaire, portant sur la composition du Gouvernement et sur les objectifs programmatiques qu'ils fixent »[147], on en serait peut-être pas là avancer le prétexte de la lourdeur de la procédure de la mission d'information.

Tout le monde est à ce jour unanime que ce sont les chefs des partis et regroupements politiques, ces fameuses « Autorités morales » qui prennent en otage le destin du peuple et retardent,

---

[146]Lire ces propos cités dans AMISI, L., « Tshisekedi, 110 jours des conciliabules depuis son investiture », *Le Journal*, n°1944 du lundi 13 mai 2024, p.4.

[147] Lire le Communiqué officiel du Directeur de cabinet du Président de la République portant reconduction de la mission d'information daté du 26 février 2024.

à cause de leur égoïsme et leur gloutonnerie, la mise en place des institutions. La confection des listes à proposer au Premier ministre est, en elle-même, un problème au sein des regroupements politiques. Si pour l'entrée au gouvernement Suminwa, les chefs des partis et regroupements politiques avaient été exclus[148], les listes qu'ils proposaient comportaient les noms des membres de leurs familles au point qu'ils avaient fini par agacer la formatrice de ce Gouvernement, Madame Judith Sumwina Tuluka, obligée parfois d'exiger des corrections. Tous ces va-et-vient étaient susceptibles de consommer autant de temps avant la publication de l'équipe gouvernementale. Toutes les listes, avant leur transmission à la Première ministre, devraient obtenir le quitus de ces « Autorités morales »[149].

Admettons que la procédure d'identification d'une majorité parlementaire soit la seule cause retardant la mise en place du gouvernement, qu'en est-il alors du retard pour l'élection et l'installation du Bureau définitif de l'Assemblée nationale ? L'on sait tous que n'eussent été les pressions et les menaces de destitution dirigées contre le Président du Bureau provisoire par un groupe de députés montés au créneau, l'on serait encore en train d'attendre la publication du nouveau calendrier de l'élection et d'installation des membres du Bureau définitif. Les manœuvres dilatoires entretenues par le Président du Bureau provisoire, Christophe Mboso, avaient fini par

[148] C'est ce qui avait été annoncé par la Première ministre avant la publication du Gouvernement. Mais ce n'était qu'une annonce, mais la réalité était tout autre, parce que le Président de la République avait décidé de maintenir au Gouvernement certains chefs de partis qui étaient déjà ministres dans le Gouvernement Sama Lukonde II.

[149] C'est le cas de la liste UDPS qui a été retardée du fait de l'absence du Président de la République, « Président de l'UDPS » qui devrait, d'après les propos d'Augustin Kabuya diffusés par une vidéo d'AFRIKAKOUL TV, subir un dernier toilettage et avoir son quitus, en sa qualité de Président du parti, seulement l'après-midi du dimanche 12 mai 2024. Cette vidéo qui a circulé sur les réseaux a bien attesté que la liste de l'UDPS a été la véritable cause ou l'une des véritables causes du retard de la publication du Gouvernement Suminwa. L'argument de la lourdeur de la procédure constitutionnelle est une « vraie fallacie ».

révolter un groupe de députés nationaux qui avaient alors adressé un ultimatum de 48 heures à ce dernier[150].

Pour rappel, après l'ouverture de la séance inaugurale de l'Assemblée Nationale, le 29 janvier 2024, la proclamation des résultats définitifs, le 14 mars, suivi de l'arrêt de conformité du Règlement intérieur le 29 mars, il était possible d'organiser, au cours du mois d'avril, l'élection des membres du Bureau définitif, pour attendre la publication et l'investiture du Gouvernement Suminwa. Mais tout cela a été retardé non par la Constitution, mais par les caprices des acteurs politiques et des responsables d'institutions.

Enfin, aucune disposition de la Constitution n'interdit la publication du gouvernement avant l'élection du Bureau définitif de l'Assemblée nationale. Si le Gouvernement Suminwa était publié juste après la fin de ses consultations[151], l'Assemblée nationale aurait été mise sous pression pour élire et installer son Bureau définitif. Toutes les manœuvres orchestrées par le Président du Bureau provisoire auraient été mises en lumière devant toute l'opinion publique.

Comme on l'a bien noté, ce n'est nullement la Constitution qui est à la base du retard de la mise en place des institutions issues des élections du 20 décembre 2023. Le retard est entretenu

---

[150] L'appel patriotique de l'Honorable Didier Kamundu Batundi lancé aux députés, le 06 mai 2024 et suivi de la signature, le 08 mai, d'une pétition de destitution du Bureau provisoire par une centaine de députés, ont bousculé et acculé Christophe Mboso qui, le soir même du 08 mai 2024, avait publié un nouveau calendrier de reprise de la procédure tendant à la mise en place du Bureau définitif. Lire ECONEWS, « Acculé, Mboso jette l'éponge », *Econews*, n°879 du vendredi 10 au dimanche 12 mai 2024, p.2.

[151] Les consultations de la Première ministre étaient bouclées le 20 avril 2024. C'est le voyage du Président de la République, le 28 avril, qui avait retardé la publication. Certains proches du Président de la République avaient même dit aux journalistes qu'il fallait attendre autour du 03 mai, au retour du Président pour la publication de l'équipe Suminwa. Nous voilà, deux semaines plus tard, après le retour au pays du Président de la République, toujours sans Gouvernement Suminwa.

par les acteurs politiques, les chefs des partis et regroupements politiques d'une part, et d'autre part, les responsables d'institutions impliqués dans ce processus qui ont une notion « élastique » du temps.

Quels sont alors les arguments avancés par les acteurs politiques de l'Union sacrée pour obtenir le changement constitutionnel souhaité ? C'est ce qu'il convient à présent de voir.

§2. La thèse du changement constitutionnel défendue par les acteurs politiques de l'Union sacrée

Plusieurs acteurs politiques de l'Union sacrée ont aussi ouvertement pris position en faveur du changement de Constitution. Loin de les citer l'un après l'autre, nous passons en revue uniquement les arguments qu'ils ont avancés pour arriver au changement souhaité. En effet, dans leurs interventions, ils invoquent successivement et pêle-mêle la recherche de l'efficacité des institutions, la levée de la limitation des mandats présidentiels, les articles-pièges contenus dans la Constitution, la réduction de l'hyper-institutionnalisation occasionnée par la Constitution, etc.

1. La recherche d'efficacité des institutions tant nationales que provinciales

Dans son effort d'explication des propos tenus par le Président de la République au sujet du changement de la Constitution, Patrick Muyaya, Ministre de la Communication et Médias, porte-parole du Gouvernement congolais, a lâché que c'est la recherche d'efficacité des institutions aussi bien nationales que provinciales qui serait visée par « le réajustement » de la Constitution. Par un raisonnement *a contrario*, cette affirmation du porte-parole du Gouvernement insinue qu'avec la Constitution actuellement en vigueur, les institutions de l'Etat ne sont pas efficaces du tout, parce qu'elles sont faibles.

Cette affirmation appelle d'emblée deux considérations. La première consiste à décrypter le concept d'efficacité en droit.

Comme l'écrit Romano Bottini[152], l'efficacité est « le mode d'appréciation des conséquences des normes juridiques et de leur adéquation aux fins qu'elles visent ». En des termes simples, ce qui est efficace, c'est ce qui produit les effets attendus, espérés, souhaités, désirés[153]. La deuxième considération est relative à la catégorisation, en droit, des institutions de l'Etat qui sont distinguées d'une part, en « institutions-organes » et d'autre part en « institutions-mécanismes ».[154]

De ce qui précède, la recherche d'efficacité concernerait-elle les institutions-organes ou les institutions-mécanismes ? Parce que ces dernières, en tant qu'ensemble des règles, des normes juridiques, sont des instruments dont se servent les organes de l'Etat pour prendre des décisions susceptibles d'aboutir à des résultats ou à des fins préalablement fixées, souhaitées ou désirées. Ce qui voudrait dire que l'efficacité des institutions-organes dépend premièrement de la manière dont sont mises en œuvre ou mises en application les institutions-mécanismes.

En d'autres termes, si les normes juridiques ne sont pas bien appliquées ou ne sont pas appliquées du tout par les organes de l'Etat, les objectifs visés ou recherchés ne seront jamais atteints. Pour tout dire, l'efficacité des institutions de l'Etat est en grande partie tributaire de bonnes décisions prises par les autorités publiques, et ce, en application stricte et rigoureuse des règles juridiques disponibles. Si les autorités qui pilotent les institutions peinent à prendre des décisions, parce que soit elles violent les lois, soit elles ne les appliquent pas correctement, soit encore elles se résignent devant leurs responsabilités, les

---

[152] Romano Bottini, cité par HEUSCHLING, L., « Effectivité, efficacité, efficience et qualité d'une norme/du droit. Analyse des mots et des concepts », in FATIN-ROUGE STEFANINI, M., GAY, L. et VIDAL NAQUET, A.(dir), *L'efficacité de la norme juridique. Nouveau vecteur de légitimité ?*, Bruxelles, Bruylant, 2012, p.50.

[153] HEUSCHLING, L., *Op.Cit.* p.49.

[154] MPONGO BOKAKO BAUTOLINGA, *Institutions politiques et droit constitutionnel*, Tome 1 : *Théorie générale des institutions politiques de l'Etat*, Kinshasa, EUA, 2001, p.13.

institutions de l'Etat seront forcément inefficaces, tant leurs décisions ne déboucheront pas sur des résultats escomptés ou attendus.

Après toutes les évaluations effectuées, tout le monde est d'avis que les institutions provinciales mises en place par la Constitution du 18 février 2006 n'ont pas impulsé le développement à la base, tout comme elles n'ont pas favorisé l'épanouissement de la démocratie locale (décentralisation) voulue par le constituant. Elles sont, de ce point de vue, inefficaces. Cet échec est-il imputable à la Constitution et aux différents textes qui régissent la gouvernance des provinces ? Pas du tout.

Car tous les diagnostics qui ont été faits, toutes les réflexions qui ont été menées sur l'échec de la décentralisation, et donc du développement local, ont toujours indexé la responsabilité du pouvoir central, mieux des autorités politiques centrales[155]. Le refus d'application de l'article 175 de la

---

[155] Aux concertations nationales de 2013, il a même été conclu que la résistance du pouvoir central à mettre en œuvre les dispositions applicables en matière de décentralisation financière était une des causes de la rupture de la cohésion nationale. Lire pour s'en convaincre, Rapport final du groupe thématique « Décentralisation et renforcement de l'autorité de l'Etat », Kinshasa, 26 septembre 2013, p.11 ; NIAMH GAYNOR, « Gouvernance locale, conflits et consolidation de la paix en République Démocratique du Congo », Rapport de recherche élaboré en collaboration avec le programme Gouvernance et Genre de Trocaire RDC, juin 2013, p.29 ; GEROLD, G., « RD Congo : l'échec des pouvoirs provinciaux, une nouvelle étape dans la déconstruction de la troisième République », *Les Cahiers de l'Est/East African Review*, vol.48, 2014, pp.69-72 ; MBEBWA KALALA, JP., « La stratégie nationale de décentralisation et de développement : analyse et perspectives », *Afrique et Développement*, vol.28, FCK, 2008, p.10 ; Rapport général du Colloque international sur la Gouvernance des provinces organisé par l'Université de Lubumbashi, Lubumbashi, 12-13 juin 2023, p.4 ; PUNGA KUMAKINGA, P., « Autonomie des provinces et problématique du principe constitutionnel de la retenue à la source de 40% des recettes à caractère national. Essai d'évaluation à mi-parcours », in KUMBU ki NGIMBI, J.M.(dir), *La décentralisation territoriale en*

Constitution, relatif à la retenue à la source de 40% des recettes à caractère national par les provinces est le fait du pouvoir central[156] ; la déchéance de la plupart de gouverneurs de province tire sa source dans les motions instrumentalisées par les autorités ou acteurs politiques du pouvoir central, les gouverneurs ayant été patrimonialisés et pris en otage par les autorités politiques relevant du pouvoir central[157]. A cause des pratiques patrimoniales, voraces ou dévoreuses des autorités et leaders politiques basés à Kinshasa, la décentralisation a été pervertie en frein au développement, par son absorption d'énormes ressources qui auraient pu être directement allouées aux projets sociaux, mais qui, hélas, servent la boulimique et affreuse manducation politique[158].

La méprise et la violation des textes, la corruption et la « manducation politique » à grande échelle, l'enrichissement indu et le détournement systématique des deniers publics, l'impunité et l'inféodation politique de la justice, etc., telles sont les tares muées en recettes dont se servent les acteurs et autorités politiques du pouvoir central dans leur gouvernance institutionnelle. Ce qui logiquement a engendré en RDC une puissante oligarchie qui prend en otage le développement du

---

République Démocratique du Congo. Bilan et perspectives, Kinshasa, Editions de la Campagne Nationale des Droits de l'Homme au Congo, 2014, p.144.

156 A la première conférence des gouverneurs de province tenue les 24 et 25 juin 2009, à Kisangani, il été convenu de l'institution d'un ordre de paiement permanent auprès des succursales de la Banque centrale pour les dotations au profit des provinces. Lire OBOTELA RASHIDI, N., « Afrique-Actualités », *Congo-Afrique*, n°437, septembre 2009, p.555. C'est le fameux compromis (il s'était agi en fait d'une imposition du gouvernement central) de la conférence des gouverneurs de 2009 à Kisangani qui avait neutralisé l'article 175 de la Constitution, en conseillant aux gouverneurs de continuer de se contenter de la rétrocession qui se pratique selon les humeurs et le bon vouloir du Gouvernement central.

157 Lire utilement KABASU BABU KATULONDI, *Gouverner une province en RD Congo : le Kasaï occidental dans les griffes du régime Kabiliste*, Johannesbourg, Global Ubuntu Publications, 2013, pp.17-22.

158 KABASU BABU KATULONDI, *Op.Cit.*, p.12.

pays. Ainsi, ce n'est nullement et en aucun cas la Constitution ni les lois de la République qui sont responsables de la faiblesse et de l'incapacité des institutions publiques à développer le pays et à le hisser au rang des Etats de droit démocratiques tel que l'a souhaité le peuple congolais, à travers sa Constitution. Penser dans ce sens est tout simplement un prétexte qui vise à justifier l'échec de la gouvernance actuelle, devenue, pour les congolais, un secret de polichinelle. Que dire de la réduction de l'hyper-institutionnalisation favorisée par la constitution ?

2. La réduction de l'hyper-institutionnalisation favorisée par la Constitution

Un autre argument avancé par Jean-Pierre Lihau, Vice-Premier Ministre et Ministre de la Fonction publique est celui de mettre fin à l'hyper-institutionnalisation que favorise, selon lui, la Constitution actuelle. Intervenant sur le sujet de la révision ou du changement de la Constitution, lors du briefing du 28 octobre 2024, aux côtés du Ministre de la Communication et Médias, il avait exactement dit ce qui suit :

> Cette Constitution congolaise favorise l'hyper-institutionnalisation, créant ainsi une obésité de l'Etat. Lorsque je parle des institutions, je parle du poids. Je pense qu'une bonne partie du budget national de notre pays aujourd'hui est orientée vers les institutions et leur fonctionnement. On peut réfléchir si notre pays est prêt pour ce fardeau. Le secteur du développement est préjudicié ; on peut réfléchir, pourquoi pas la suppression de telle ou telle autre institution, pour que des millions qui y sont orientés puissent servir à construire des routes, les ports, les chemins de fer, acheter des avions et autres (…)[159].

Réfléchir sur ce que les institutions engloutissent du budget de l'Etat n'est pas une mauvaise chose, parce que le débat

---

[159] Lire SCOOPRDC, « Révision constitutionnelle : Jean-Pierre Lihau évoque la raison de l'hyper-institutionnalisation », http://www.scooprdc.net , consulté le 1er novembre 2024.

sur la question a déjà fait l'objet des préoccupations des Congolais. Et le Président de la République, dans l'un de ses six engagements qui constituent la feuille de route de son deuxième quinquennat, a promis la réduction du train de vie des institutions. C'est là que se situe le problème, ce que les institutions consomment comme moyens au détriment de la rémunération des agents publics de l'Etat et de l'investissement pour le développement. Bientôt, le Président de la République aura consommé la première année du second mandat, sans que des signaux forts aient été donnés en rapport avec cet engagement. Soyons honnête, ça n'est pas le problème de la Constitution !

La Constitution n'a pas occasionné une inflation des institutions. Les institutions qui ont été créées par la Constitution sont une émanation des options fondamentales de la démocratie que nous avons souhaitée. C'est le cas, par exemple, de la décentralisation qui implique une autonomie organique des entités composantes de l'Etat. On ne peut pas vouloir une chose et son contraire : les assemblées provinciales, les exécutifs provinciaux tout comme les organes délibérants et exécutifs locaux sont une incidence du choix que nous avons fait de consacrer la décentralisation et ce, en réaction à la réalité de la dictature et de la centralisation du pouvoir que nous avons subies durant trois décennies et qui ont ruiné et appauvri le Congo profond. Oublier cette réalité congolaise, c'est avoir une mémoire courte, en voulant une recentralisation de l'Etat.

Et je ne sais pas ce que Jean-Pierre Lihau qualifie d'obésité de l'Etat. Nos institutions constitutionnelles sont adaptées au gigantisme de notre Etat, grand comme le territoire de l'Europe occidentale et dont la gestion harmonieuse nécessite un relâchement du pouvoir au profit de la périphérie. Le problème pour nos dirigeants, c'est de toujours penser que ce qui est utile, c'est le pouvoir central avec ses services de Kinshasa ; ils pensent moins à la promotion et à l'épanouissement des structures de base, là où on devrait réellement ressentir l'impact du pouvoir de l'Etat en tant qu'artisan et promoteur du développement et du bien-être des populations. Ils rêvent toujours de concentrer le pouvoir, de s'accaparer des ressources financières au niveau central et de laisser les structures de base à leur triste sort. C'est celui-là le démon qui hante nos dirigeants et dont il faut les exorciser.

Combien gagne un député national et quelle est la rémunération exacte d'un ministre ? Il s'agit d'un domaine sensible pour lequel personne ne veut jouer à la transparence. La véritable question à poser à Lihau est celle de savoir pourquoi un ministre, comme lui, doit gagner la somme faramineuse qu'il gagne et pourquoi un député provincial doit toujours venir pleurnicher et faire des sit-in à Kinshasa pour qu'on lui paye ce qui devrait lui revenir de droit ? Pourquoi pense-t-on qu'un ministre national, un député national sont indispensables et non un député provincial ou un conseiller communal ? La réponse est claire, à mon avis : c'est parce que le démon de la centralisation les hante. Si on comprenait que le vrai développement de l'Etat doit partir de la base, on en serait pas là à penser que les autorités locales sont un fardeau pour l'Etat. Il faut assurer la redistribution équitable des ressources et renoncer à la logique de l'accaparement des richesses par le pouvoir central, le développement sera perceptible.

Pour revenir à l'hyper-institutionnalisation, c'est plutôt à Kinshasa que des services inutiles et budgétivores sont sans cesse créés. Combien d'Agences sont aujourd'hui créées à la Présidence de la République et qui font un travail parallèle à celui du Gouvernement ? Combien de crédits du budget de l'Etat sont alloués à ces Agences en comparaison avec les structures traditionnelles de l'Administration ? En suivant le débat qui a, le jeudi 31 octobre 2024, suivi la présentation du projet de la Loi de finances 2025 à l'Assemblée nationale, particulièrement l'intervention de l'Honorable Boris Mbuku, les Congolais ont été scandalisés d'apprendre que les crédits alloués aux parquets civils et militaires sont doublement inférieurs à ceux alloués à l'Agence pour la prévention et la lutte contre la corruption(APLC). Est-ce que Jean-Pierre Lihau pourrait expliquer aux Congolais pourquoi cette Agence doit bénéficier de crédits de l'ordre d'un milliard de francs congolais, alors que l'Auditorat général des FARDC et le Parquet Général près la Cour de cassation ont chacun presque la moitié, soit 600 millions de francs congolais ? Pourquoi cette disparité, mieux cette injustice financière à l'égard de services attitrés à poursuivre et à réprimer les actes de corruption ? C'est là le vrai débat que Jean-Pierre Lihau devait engager lors de son briefing au lieu de parler de la Constitution pour laquelle il voudrait réfléchir, sans réfléchir sur les injustices sociales, injustices qui affectent maintenant même les services de l'Etat dont le fonctionnement optimal est gravement compromis par la modicité des moyens qui leur sont alloués.

3. La levée de la limitation des mandats présidentiels

Les rumeurs autour du changement de Constitution avaient commencé à être entendues en mars 2022[160]. Elles faisaient alors état d'une volonté, dans le cercle restreint du Président, de donner à Félix Tshisekedi la possibilité non seulement de rester longtemps au pouvoir, à l'instar de Joseph Kabila et de Mobutu, mais lui doter davantage de pouvoirs d'agir, soi-disant pour le développement de la RDC. Un groupe des juristes proches du pouvoir était, suivant les mêmes rumeurs, mis à contribution pour échafauder un texte adapté à cette volonté. L'ébauche du texte qui était préparé par les juristes du parti présidentiel prévoirait un mandat présidentiel de sept ans sans limitation du nombre. Dans leur calcul, Tshisekedi après le premier quinquennat, pourrait briguer encore deux septennats et resterait alors 19 ans au pouvoir pour égaler Joseph Kabila, son prédécesseur. Pour faciliter son élection après le changement constitutionnel, le mode du scrutin présidentiel passerait de l'universel direct à un tour au scrutin restreint et indirect. Il serait alors élu au second degré par l'Assemblée nationale garnie d'une majorité udpsienne fabriquée avec la complicité de la CENI. Là encore, c'est le modèle angolais qui serait copié, comme pour la

---

160 Dans son numéro 2064 de mars 2022, le Trihebdomadaire *AfricaNews* publiait à la Une un article faisant état d'un complot contre la Constitution. Cfr. *AfricaNews* n°2064 du lundi 22 février au mardi 1er mars 2022.

nomination des gouverneurs[161]. Tel était le scénario pensé en 2022, avant l'élection présidentielle de décembre 2023.

L'honorable Delly Sessanga, trois cadres d'Ensemble pour la République et un Cadre du Comité Laïc de Coordination(CLC) avaient, en son temps, dénoncé ce projet de changement de Constitution concocté dans les officines de l'UDPS, visant à virer vers un présidentialisme avec un mandat présidentiel de sept ans renouvelable une fois[162].

Ce qui était une rumeur devint de plus en plus, avec le temps, une réalité confirmée par des propos de hauts-cadres de l'UDPS. En effet, le 21 septembre 2023, invité à l'émission *Bosolo na Politik*, l'honorable Paul Tshilumbu avait *urbi et orbi* déclaré ce qui suit :

> Il faut supprimer la limitation des mandats pour permettre au Président de la République de travailler sans pression et sans tenir compte de la fin du mandat. Si nous sommes convaincus que c'est le peuple qui choisit ses dirigeants, pourquoi devons-nous limiter le mandat présidentiel ou même des députés nationaux ? Si le peuple estime, par exemple, que ce que fait Félix Tshisekedi répond à ses attentes, pourquoi demander à FATSHI de partir au nom de la limitation des mandats alors que le peuple a encore besoin de lui ? Je pense qu'un président devrait rester en fonction aussi longtemps que son peuple le voudra[163].

Très récemment encore, un audio devenu viral sur les réseaux sociaux avait révélé aux Congolais les propos du fédéral UDPS/Haut-Katanga qui, au cours d'une réunion secrète, sensibilisait ses militants sur le projet de changement de

---

[161]Lire tout ceci dans « Nouvelle Constitution et mandat de 7 ans pour Félix Tshilombo, http://lecongoquonaime.com , consulté le 29 septembre 2023.

[162] *Idem.*

[163] Lire cette déclaration sur https://okapinews.net , consulté le 28 septembre 2023.

Constitution, en soulignant *expressis verbis* l'esprit qui anime ce projet, qui n'est tout autre chose que d'accorder à FATSHI la possibilité de passer vingt-six ans(26) au pouvoir comptabilisés comme suit : dix ans en vertu de la Constitution actuelle jusqu'en 2028, plus une transition de deux ans, avant deux septennats à obtenir en vertu de la nouvelle Constitution en gestation. Par conséquent, si alternance il pourrait y avoir, ce serait en 2042. Pourquoi, haranguait-il ses militants, on doit exiger à FATSHI de quitter le pouvoir seulement après dix ans, alors Mobutu nous a mis 32 ans et la kabilie 18 ans ?

La limitation du mandat présidentiel est un principe d'importance capitale dans un Etat de droit démocratique. Il découle d'un autre principe matriciel du constitutionnalisme moderne, à savoir la limitation du pouvoir.

Un pouvoir qui ambitionne de fouler aux pieds la limitation du mandat présidentiel a perdu sa vocation démocratique et tend à virer vers un présidentialisme monarchique ou vers une monarchie présidentielle[164].

La limitation du mandat présidentiel fait partie des matières constituant l'ordre constitutionnel fondamental de la RDC, de telle sorte que quand elle est remise en question, tout l'édifice démocratique construit par le peuple congolais, fortement marqué par son histoire politique douloureuse caractérisée par une crise chronique de légitimité et une dérive dictatoriale sans précédent, s'écroule fatalement. Fondée justement sur la préoccupation principale de « contrer toute tentative de dérive dictatoriale »[165], tentative qu'un exercice prolongé de la fonction suprême de l'Etat ne peut manquer de

---

[164] Sur les monarchies présidentielles en Afrique, lire utilement MBATA BETUKUMESU MANGU, A., « Monarchies présidentielles et révisions constitutionnelles : le syndrome du troisième mandat ou d'une présidence à vie dans les Etats membres de l'Union Africaine », *Revue Africaine de la Démocratie et de la Gouvernance*, volume I, n°1, 2014, pp.47-66.

[165] La lutte contre toute dérive dictatoriale fait partie des sept principes constitutionnels sur lesquels est fondée l'organisation des institutions congolaises issues de la Constitution du 18 février 2006. Lire l'exposé des motifs de cette Constitution, …*op.cit.*

susciter, la double interdiction de réviser le nombre et la durée du mandat présidentiel frappe, en réalité, personnellement tout citoyen ayant déjà accédé à la magistrature suprême de l'Etat sous l'empire d'une Constitution déterminée[166].

L'argument de Paul Tshilumbu selon lequel il faut laisser trancher le peuple est dogmatique et non scientifique ; il est même sentimentaliste ou émotionnel. En effet, il ne peut partir d'une petite portion des militants qui le lui ont dit pour faire une induction dangereuse. C'était cet argument que l'UDPS avait farouchement combattu dans la foulée de la publication du livre d'Evariste Boshab[167] en 2013. Ensuite, la démocratie en tant que pouvoir du peuple est, avec l'importance prise par l'Etat de droit, limitée. La démocratie est constitutionnelle de nos jours, parce que limitée justement. A cet égard, Placide Moudoudou écrit :

> La démocratie constitutionnelle(…) postule qu'aucune autorité sur la terre n'est illimitée, ni celle du peuple, ni celle des hommes qui se disent représentants, ni celle des rois à quelque titre qu'ils règnent, ni celle de la loi qui, n'étant que la volonté du peuple ou du prince suivant la forme du gouvernement…Il importe ainsi d'enfermer la souveraineté du peuple dans les justes et raisonnables limites que seule une constitution peut lui tracer »[168].

Les partisans du Président de la République dans ce projet de changement de Constitution étant nombreux, les arguments

---

[166] NGONDANKOY NKOY-ea-Longya, P.G., « La problématique de la révision ou du changement de Constitution », http://www.lepotentielonline.com , consulté en décembre 2016.

[167] Pour soutenir sa thèse sur la révision par voie référendaire des dispositions constitutionnelles intangibles, Evariste Boshab écrivait que décider en lieu et place du peuple souverain parait antidémocratique et qu'il y a lieu de confier cet arbitrage au peuple. Lire BOSHAB, E., *Entre la révision de la Constitution et l'inanition de la Nation*, Bruxelles, Larcier, 2013, pp.278-279.

[168] MOUDOUDOU, P., *La Constitution en Afrique*, Brazzaville, Les éditions Hémar, 2014, p.198.

qu'ils développent souffrent évidemment d'une certaine cohérence. Certains d'entre eux fustigent globalement la Constitution en la taxant d'être l'œuvre des belligérants ; d'autres indexent certains de ses articles comme comportant des clauses susceptibles d'ouvrir la voie à la balkanisation ou au pillage des ressources naturelles par les puissances étrangères. Je passe tout d'abord en revue le prétexte des articles pièges qui exposeraient le pays à l'implosion ou au démantelement.

4. Les prétendus articles-pièges exposant le pays au démantèlement et au pillage de ses ressources naturelles

Même si en République démocratique du Congo, l'inculture a atteint son paroxysme par le fait que la grande majorité de la population ne lit pas pour s'informer et se former, il n'est pas acceptable et tolérable qu'une certaine élite utilise les médias tant traditionnels que sociaux pour diffuser des contre-vérités au sujet de la Constitution ce, aux fins d'hypnotiser les Congolais et les préparer à gober ce discours sur le changement de Constitution qui est fondé essentiellement sur des arguments fallacieux.

Loin de sensibiliser les Congolais à s'attaquer aux maux qui entrainent sans cesse le pays dans l'abime, à savoir la corruption, les détournements des deniers publics, les injustices sociales, le chômage de masse, l'insécurité urbaine et frontalière, l'analphabétisme, la mauvaise gouvernance caractérisée par l'insouciance et l'accaparement des ressources vitales par une oligarchie arrogante, l'on trouve des prétextes dans la Constitution et l'on s'emploie mordicus à la diaboliser pour justifier son remplacement par une autre qui viendrait en quelque sorte et comme par magie changer l'homme congolais qui s'est, lui-même, fait « l'entrepreneur » de la souffrance de ses concitoyens. Grosse illusion !

On changera de Constitution ou on élaguera de celle-ci les « dispositions faussement qualifiées de pièges », mais tous les maux sus évoqués, responsables de l'effondrement et de la faillite de l'Etat congolais, reviendront au galop si les Congolais continuent à entretenir leur coupable myopie et leur apathie face au virus connu de la société congolaise, à savoir « les mauvais et insensibles dirigeants ». C'est contre la mauvaise qualité de l'élite gouvernante et contre les mauvaises mœurs qu'on devrait mener la lutte acharnée et nullement contre la Constitution ou quelques-unes de ses dispositions vers lesquelles on s'emploie à détourner l'attention des Congolais, en annihilant leur capacité de se remettre en question et de s'auto-flageller, pour charger continuellement « les autres » qui seraient les seuls responsables de nos malheurs.

Depuis que le Président de la République avait annoncé, lors de son interview accordée aux journalistes, en marge de sa visite officielle en France, qu'il comptait déclencher le processus visant à obtenir le changement de Constitution, certains de ses partisans ont envahi les médias, probablement pour se faire remarquer, et diffusent des mensonges éhontés au sujet de certaines dispositions de la Constitution, qu'ils qualifient d'« articles pièges », dont la *ratio legis* serait d'exposer la République démocratique du Congo soit à la balkanisation soit au pillage de ses ressources naturelles, du sol et du sous-sol. Cette rhétorique mensongère est beaucoup plus insupportable et préoccupe sérieusement lorsqu'elle est entretenue par « des professeurs d'université », ceux-là même qui sont censés faire utilement usage de leur objectivité scientifique pour éclairer la société.

Alors que l'on avait souvent diffusé que la Constitution du 18 février 2006 était l'œuvre des étrangers, principalement des experts venus des universités européennes, en l'occurrence françaises et belges, un certain Maitre Beylard David a récemment publié dans les réseaux sociaux que « L'actuelle Constitution de la République démocratique du Congo de 2006 fut écrite à Kigali(Rwanda) par le *Tutsi Power* dans le bureau de Paul Kagame puis imposée aux belligérants congolais réunis au dialogue politique par l'ONU à Sun City(Afrique du Sud) sous la pression du Grand Maitre de la loge maçonnique de Bruxelles Louis-Michel »[169].

Il est malheureux, pour nous Congolais, que ce genre de contre-vérités diffusées dans les réseaux sociaux soient solennellement relayées par le Président de la République, s'adressant à la population de Kisangani, le mercredi 23 octobre 2024. Que le Président de la République, censé veiller au respect de la Constitution[170], et qui a prêté serment de défendre celle-ci[171], soit compté parmi ceux qui vilipendent et jettent en pâture notre « Loi fondamentale », la traitant, avec un mépris extrême de « mauvaise », est gravissime. Sous d'autres cieux, de tels propos n'auraient certainement pas fait sourire, comme nous avons malheureusement vu à travers la vidéo, sourire les acteurs politiques, membres du Gouvernement, dans la foulée de cette déclaration.

Une telle déclaration n'est pas qu'un mensonge mais il s'agit d'une ignorance pure et simple, parce que l'article 104 alinéa 2 de la Constitution de la Transition avait chargé le Sénat de la transition d'élaborer l'avant-projet de Constitution à soumettre au référendum. Pour mener à bien cette mission, le Sénat créa une « Commission constitutionnelle » de 16 sénateurs pour élaborer l'avant-projet de Constitution. Cette Commission se retira à Kisangani(Simi-Simi) du 1er au 15 octobre 2004, aidée par un comité de rédaction qui avait déjà, à ce stade, bénéficié de l'expertise de deux Congolais, en l'occurrence Auguste Mampuya et Jean-Louis Esambo. Après cette retraite de travail à Simi-Simi, la Commission en revint avec la première mouture de l'actuelle Constitution. Cette mouture fut soumise au toilettage d'un « Collège des experts » composé aussi bien des nationaux que des étrangers, en l'occurrence les professeurs Evariste Boshab, Auguste Mampuya, Célestin Kabuya, Jean-Pierre Mbwebwa Kalala, Jean-Louis Esambo et Ferdinand Kapanga(pour le compte de l'Université de Kinshasa) ; les

---

[169] BEYLARD, D., « Information officielle des Nations unies », document diffusé par whatsapp le 6 mai 2024.

[170] Article 69 alinéa 2 de la Constitution.

[171] Article 74 alinéa 2, deuxième tiret de la Constitution.

professeurs Bob Kabamba, Nicolas Banneaux, Jean Beaufays et Jean-Claude Scholsem qui représentaient l'Université de Liège ; les professeurs Jean-Michel Dumont et El Hadj Mbodj, pour le compte de l'Union européenne, etc. Tous ces professeurs, s'agissant particulièrement des nationaux, sont encore, heureusement, vivants et c'est une injure pour eux lorsqu'ils entendent les gens qui ne savent rien du processus de rédaction de cette Constitution, dire qu'elle a été rédigée à Liège ou à Kigali par des personnes innommées, alors qu'eux sont bien connus et identifiés.

Il faut ici noter que « les experts n'avaient pas à décider du choix du modèle, encore moins de l'opportunité des dispositions constitutionnelles. Il leur était demandé d'aider à corriger les erreurs contenues dans la mouture préparée par le comité de rédaction, de centraliser et d'évaluer techniquement leurs remarques, avis et considérations qui seront ensuite transmis au rapporteur général du Sénat. Ils n'avaient pas le privilège d'écrire la Constitution, mais seulement de mettre à la disposition du Sénat une expertise scientifique, à travers des réflexions, analyses et éclairages, visant à assurer la double cohérence structurelle et fonctionnelle de l'avant-projet de constitution »[172].

Après ce travail essentiellement technique, l'avant-projet fut remis à la Commission constitutionnelle du Sénat qui, à son tour, le présenta à la plénière qui le soumit au débat avant de l'adopter et de le transmettre ensuite à l'Assemblée nationale qui reprit le même exercice que le Sénat, en respectant toutes les étapes de la procédure de vote d'une loi essentielle. La version retravaillée à l'Assemblée nationale fut adoptée en tant que projet, lequel fut soumis à l'approbation du peuple lors du référendum des 18 et 19 décembre 2005. Ainsi, prétendre que la Constitution du 18 février 2006 a été rédigée ailleurs et imposée

---

[172] Lire utilement MBODJ, E.H., « Emergence d'une culture constitutionnelle inclusive en Afrique. Expérience vécue du processus d'élaboration de la Constitution de la République démocratique du Congo du 18 février 2006 », in SALL, A. et FALL, I.M.(dir), *Actualités du droit public et de science politique en Afrique. Mélanges en l'honneur de Babacar Kanté*, Dakar, L'Harmattan-Sénégal, 2017, pp.242-243.

aux congolais relève d'une malhonnêteté intellectuelle sans commune mesure.

En dépit de cette évidence, une « certaine élite » s'évertue à diffuser des contre-vérités au sujet de certaines dispositions à travers lesquelles ils perçoivent la main des étrangers qui les auraient rédigées et insérées dans la Constitution, peut-être discrètement en dehors des plénières et du Sénat et de l'Assemblée nationale, ou alors les auraient imposées ouvertement successivement aux deux plénières qui les auraient ensuite adoptées, sans que personne ne lève son petit doigt pour discuter ou protester. Tous les 120 sénateurs et 500 députés de la Transition avaient laissé, impuissants, des étrangers insérer dans leur Constitution des choses susceptibles de les tuer, eux et leurs progénitures, ainsi que leur pays ! Telle serait une insulte pour toutes ces personnes qui auraient été conduites, comme des moutons au précipice d'une montagne avant de les précipiter à son fond !

Plusieurs articles sont ainsi diabolisés, mais je retiens pour cette livraison uniquement quatre d'entre eux, à savoir les articles 9, 217, 51 et 10 de la Constitution.

D'après un certain Bruno-Joseph Tshibangu[173], *l'article 217 aurait été inséré dans la Constitution pour contenter le RCD/Goma de Ruberwa*. Quelle affirmation gratuite de la part d'un professeur d'université (je ne sais laquelle) ? Parlant du même article, Thierry Monsenepwo[174], un fidèle cadre du parti de Lambert Mende, curieusement un des rédacteurs de cette Constitution en sa qualité de Rapporteur du Sénat de la Transition et d'un des correspondants au Sénat du Collège des experts de la Commission constitutionnelle, a laissé entendre qu'il s'agit « *d'un article qui fâche tous les congolais et c'est inacceptable* ». Dans sa diatribe dirigée contre toute la Constitution du 18 février 2006 qui serait à ses yeux « *un arrêt de mort pour notre pays* » que les Congolais auraient signé, le Professeur Kabisa (un ancien

---

173 Tshibangu, B.J., « Pourquoi envisager la révision de la Constitution aujourd'hui ? », *La Prospérité*, n°6340 du vendredi 24 mai 2024, p.11.
174 Il était l'invité de l'émission télévisée « Politiquons ».

de PALU) indexe également cet article 217 qui compte, d'après lui, parmi les articles qui ont été pensés, rédigés et imposés aux Congolais pour « *démanteler leur pays petit à petit* ».

De ces trois personnalités, il n'y a aucun inculte ; il s'agit bien des « intellectuels » ou des « universitaires ». Pourtant, ce qu'ils diffusent au sujet de l'article 217 de la Constitution n'est que pur mensonge, si ce n'est de l'*opium* pour endormir les Congolais ou tout simplement les tourner en bourriques. En effet, l'article 217 de la Constitution dispose : « La République Démocratique du Congo peut conclure des traités ou des accords d'association ou de communauté comportant un abandon partiel de souveraineté en vue de promouvoir l'unité africaine ».

Cet article ne fait l'objet d'aucun soupçon et n'est en rien l'œuvre d'une puissance étrangère qui aurait en filigrane un plan de démantèlement ou de balkanisation de la RDC, pour faciliter l'adjonction d'une portion de son territoire à un quelconque Etat voisin. La RDC est membre de l'Union Africaine(UA), anciennement de l'Organisation de l'Unité Africaine(OUA). Les organisations internationales, qu'elles soient de coopération ou d'intégration, sont créées entre les Etats souverains pour résoudre ensemble des problèmes d'intérêt commun. Pour en arriver là, certaines d'entre elles (notamment celles d'intégration) exigent des Etats d'abandonner un certain nombre des pouvoirs ou des prérogatives autrefois exclusives à ces Etats au profit de l'organisation ainsi créée afin de lui permettre d'agir efficacement et promptement en lieu et place des Etats, cela pour l'intérêt de la communauté.

Pour renforcer notre argumentation, comment ne pas nous référer au Professeur Mampuya qui, au cours de deux émissions restées célèbres[175], a mis à nu l'inanité d'une telle assertion en démontrant que l'article 217 est la transposition pure et simple mais logique de la disposition de l'article 69 de la Constitution du 24 juin 1967 qui, *in tempore non suspecto*, stipulait que « En

[175] Les deux émissions eurent lieu à la mi-mai, la première sur la Chaîne *Politiquons* de Jean-Pierre Kayembe et la seconde sur *Perfect télévision* de PeterTiani.

vue de promouvoir l'unité africaine, la république peut conclure des traités et accords d'association comportant abandon partiel de sa souveraineté. », exactement les termes et le contenu de l'article 217 que, par ignorance, les spécialistes improvisés de la critique facile, attribuent aujourd'hui au Rwanda. Il précisait qu'à l'époque notre pays affirmait sa « vocation africaine » devenue l'un des principes fondamentaux de notre politique étrangère, principes appris par tous les étudiants en droit ; il précisait, en outre, que c'est l'année où le Congo-Kinshasa organisait le Sommet de l'OUA à l'occasion duquel fut construite la fameuse « Cité de l'OUA » où l'actuel Président de la République a fixé sa résidence. Sans doute les « intellectuels » et « universitaires » ci-haut cités étaient-ils, tout simplement, mus que par pure ignorance.

L'abandon partiel de souveraineté ne signifie pas forcément un abandon de territoire, mais tout d'abord une cession d'une partie des compétences décisionnelles autrefois exclusives à l'Etat. Par exemple, depuis 2012, la RDC qui a ratifié le Traité portant Organisation pour l'harmonisation du droit des Affaires en Afrique(OHADA) a été, depuis, obligée d'abandonner son droit commercial national pour appliquer le droit commercial communautaire contenu dans les « Actes uniformes » de l'OHADA. Il en est de même de l'Union Européenne(UE) qui est la plus perfectionnée des organisations d'intégration, qui édicte des directives portant par exemple « politiques communes agricoles » ou « politiques communes sanitaires » que les Etats ne font qu'appliquer sans autre forme de procès. Dans ces politiques, seule la Commission européenne est l'organe habilité à prendre des décisions que les Etats appliquent directement et immédiatement. En matière de circulation des personnes et des biens, par exemple, le territoire européen est un ; voilà pourquoi si l'on a un *visa schengen*, l'on peut avoir voyagé pour la Belgique, mais l'on aura la possibilité de circuler facilement et librement en Italie, Allemagne, Espagne, etc., sans plus solliciter de ces pays un autre visa d'entrée.

S'agissant de l'abandon partiel de la souveraineté territoriale, il peut s'agir de l'hypothèse où un Etat dispose de son territoire pour l'installation de l'organisation. Par exemple, quoique sur le territoire américain, le quartier new-yorkais qui abrite les installations et immeubles de l'ONU n'est plus à proprement parler un territoire sous le contrôle des Etats-Unis. Il en est de même du quartier bruxellois qui accueille les institutions de l'UE. Si donc l'Union Africaine sollicite à la RDC un territoire pour construire, par exemple, une université panafricaine, le périmètre qui va abriter ces installations sera totalement sous le contrôle de l'Union Africaine et non de la RDC. Même dans les relations diplomatiques entre deux Etats, ce genre d'abandon partiel de souveraineté existe avec les périmètres des ambassades qui sont considérées comme des « territoires étrangers » dans un Etat.

Ce que nos brillants « intellectuels » qui s'acharnent contre cet article ont superbement oublié est qu'il n'est pas une exclusivité de la Constitution congolaise ; il est contenu dans de nombreuses constitutions des Etats africains. C'est le cas de la Constitution du Sénégal (article 96 alinéa 4) ; de la Constitution de Côte d'Ivoire (article 124 alinéa 1er) ; de la Constitution du Mali (article 180) qui évoque non seulement l'abandon partiel mais aussi total de souveraineté, tout comme celle de la Guinée (article 151 alinéa 1er) et du Niger (article 172 al.1er).

Bien plus, et c'est ici que leur discours est non seulement fallacieux mais aussi intellectuellement malhonnête, cette disposition a été intégrée dans l'histoire constitutionnelle congolaise et fait, dès lors, partie du patrimoine constitutionnel congolais depuis la Constitution du 24 juin 1967, comme rappelé ci-haut en citant les propos du professeur Auguste Mampuya[176].

Pourtant, cette Constitution est la première du régime de Mobutu qui est historiquement connu comme le plus protecteur de la souveraineté territoriale et de l'unité nationale. Toutes les autres Constitutions de la RDC qui ont suivi comportent une disposition similaire à l'article 217 que l'on colle faussement aux

---

[176] Cet article 69 dispose : « En vue de promouvoir l'unité africaine, la république peut conclure des traités et accords d'association comportant abandon partiel de sa souveraineté ».

« belligérants auteurs de la Constitution actuelle ». Il s'agit, en l'occurrence, de la Constitution de la CNS du 04 avril 1992(article 108), de l'Acte Constitutionnel de la Transition du 09 avril 1994(article 115), et de la Constitution de la Transition du 04 avril 2003(article 195). Alors, toutes ces Constitutions seraient-elles aussi l'œuvre des belligérants ou auraient-elles vocation à faciliter la balkanisation du pays ? Ignorance, quand tu nous tiens et nous aveugles !

S'agissant de l'article 9 de la Constitution du 18 février 2006, il est ainsi libellé : « L'Etat exerce une souveraineté permanente notamment sur le sol, le sous-sol, les eaux et les forêts, sur les espaces aérien, fluvial, lacustre et maritime congolais ainsi que sur la mer territoriale congolaise et sur le plateau continental. Les modalités de gestion et de concession du domaine de l'Etat visé à l'alinéa précédent sont déterminées par la loi ».

Pour Thierry Monsenepwo et tous les autres qui fustigent la formulation de cet article, ils auraient souhaité que l'on écrive ce qui suit : « Le sol et le sous-sol appartiennent à l'Etat ». C'est la formule qui apparait à l'article 9 de la Constitution de la Transition, celle du 04 avril 2003 qui aurait dû être, d'après les rhétoriciens du complot, la vraie Constitution des belligérants, parce que procédant directement de l'Accord global et inclusif de Sun City.

Fort malheureusement, pendant la Transition 1+4, personne d'entre « ces inventeurs des mensonges » n'a osé critiquer l'article 9 de la Constitution de la Transition. Les Congolais redoutent tellement la balkanisation qu'ils voient, désormais, le complot en tout, même dans les formulations typiquement légistiques. En effet, la formulation de l'actuel article 9 de la Constitution apparait dès la première mouture de l'Avant-projet du Sénat d'octobre 2004, c'est-à-dire celui ramené de Simi-Simi(Kisangani) et qui est le résultat d'une heureuse inspiration des Congolais, spécialistes du droit des droits humains associés à l'équipe des experts, dont Marcel

Wetsh'okonda faisait partie[177]. Et cette formulation de l'article 9 aujourd'hui vilipendé à longueur des jours et nuits, avait résisté à tous les toilettages apportés au texte aussi bien par le Collège des experts que par la Commission constitutionnelle et la plénière du Sénat. Au texte d'octobre 2004, cette disposition était le contenu de l'article 7 qui est devenu l'article 9 au texte soumis à la plénière du Sénat, en mars 2005 ; à la Commission PAJ de l'Assemblée Nationale et à la plénière de celle-ci, en mai 2005, pour être enfin adopté et approuvé tel quel par le peuple congolais en décembre 2005. Donc, il n'avait visiblement posé aucun problème de compréhension à toutes ces étapes du processus constitutionnel, sinon il aurait été élagué tout simplement.

Peut-être que « nos brillants intellectuels » et « communicateurs de l'USN » ne comprennent pas le sens des termes utilisés dans la formulation ici dénoncée. Il faut, par conséquent, leur fournir une petite explication qui pourrait les aider à saisir le sens et la portée de l'expression « Exercer la souveraineté permanente sur le sol et le sous-sol ».

D'après le dictionnaire du droit constitutionnel[178], *la souveraineté est le caractère d'un pouvoir originaire et suprême* ; et le pouvoir suprême est *un pouvoir au-dessus duquel il n'y en a pas d'autre*. Ainsi, avoir un pouvoir suprême sur le sol et le sous-sol, c'est avoir la capacité de prendre toute décision sur le sol et le sous-sol ; c'est en fait exercer sur ces ressources (sol et sous-sol), un droit de propriété qui est caractéristique de ce tryptique de prérogatives : *usus* (le droit de faire usage d'un bien) ; *abusus* (le droit d'aliéner un bien) et *fructus* (le droit de jouir du fruit de ce bien). En fait et en droit, même le droit de propriété cède le pas à la souveraineté, laquelle contient et

---

[177] De fait, cette formule, adoptée par une résolution de l'Assemblée générale de l'ONU depuis 1952 et formellement consacrée par la grande Résolution 1803 de 1982, figure dans tous les textes du droit des droits de l'homme et dans nombre de déclarations et traités souscrits par les membres de l'ONU, dont la RDC.

[178] Le DIVELLEC, A. et de VILLIERS, M., *Dictionnaire du droit constitutionnel*, 11ème éd., Paris, Sirey, 2017, p.347.

l'*imperium* et le *dominium* ; c'est en effet en vertu de cette souveraineté que l'Etat peut nationaliser des éléments de son économie, expropriant ainsi les… « propriétaires »[179].

De ce qui précède, l'Etat congolais exerçant la souveraineté permanente (non momentanée) sur le sol et le sous-sol, en exerce sans aucun doute le droit de propriété, parce qu'il cumule sur ces biens (sol et sous-sol) les trois prérogatives de la propriété. Cela est d'ailleurs insinué dans l'alinéa 2 dudit article 9 lorsqu'il est disposé que « les modalités de gestion et de concession du domaine de l'Etat visé à l'alinéa précédent sont déterminées par la loi ». En effet, le domaine de l'Etat est composé des biens appartenant à l'Etat, qu'il s'agisse des biens du domaine public ou ceux du domaine privé de l'Etat. Et nous le savons (peut-être pas nos rhétoriciens du complot), le régime juridique de la gestion du domaine public de l'Etat consacré à l'article 10 de la Loi dite foncière est *l'inaliénabilité, l'imprescriptibilité et l'insaisissabilité* des biens faisant partie de ce domaine. Alors, sur quelle base ou en vertu de quel pouvoir le sol et le sous-sol congolais devrait-il être exposé à la « vente » qui bénéficierait aux étrangers ? Ce qui se raconte au sujet de cet article est simplement du « bavardage » tendancieux et flatteur qui vise à induire l'opinion publique dans l'ignorance et la fausseté, alors que les motivations à la base de cette rhétorique sont simplement la répudiation de l'ordre constitutionnel actuel pour le remplacer par un autre qui serait favorable à la confiscation du pouvoir par les dirigeants actuels.

La souveraineté permanente sur les ressources naturelles est une doctrine exprimée à l'initiative des pays en voie de développement selon laquelle chaque Etat décide en dernière instance et en toute indépendance du sort des ressources naturelles qui se trouvent sur son territoire et des activités

---

179 Sur cette question de souveraineté permanente, ses origines, sa consécration par l'ONU, sa mise en œuvre par les États, on peut lire utilement MAMPUYA KANUNK'A-TSHIABO, A., *Traité de droit international public*, Kinshasa, Mediaspaul, 2016, pp. 1021 et ss.

économiques qui s'y exercent[180]. Cette doctrine a émergé avec l'accession à l'indépendance des pays anciennement colonisés et elle est une composante du droit à l'autodétermination des peuples qui était aussi en vogue à l'époque des indépendances et que les Pactes internationaux relatifs aux droits de l'homme de 1966 ont formellement consacré en ces termes : « Tous les peuples ont le droit de disposer d'eux-mêmes. En vertu de ce droit, ils déterminent librement leur statut politique et assurent librement leur développement économique, social et culturel. Pour atteindre leurs fins (c'est-à-dire leur libre administration), tous les peuples peuvent disposer librement de leurs richesses et de leurs ressources naturelles[181].

Pour ce qui concerne la RDC particulièrement, si l'insertion dans la Constitution de cette clause avait une visée complotiste, le Conseil de sécurité des Nations unies n'aurait jamais consacré plusieurs de ses résolutions sur la RDC à réaffirmer ce principe en vue de fustiger le pillage auquel le pays faisait face dans le contexte de la guerre d'agression de 1998 à 2002(C'est le cas de résolutions 1323 du 13 octobre 2000 ; 1332 du 14 septembre 2000 ; 1376 du 9 novembre 2001 ; 1417 du 14 juin 2002 ; 1445 du 4 décembre 2002 et 1457 du 24 janvier 2003).

Bien plus, beaucoup d'autres pays africains ont également inséré dans leurs Constitutions cette clause de la souveraineté permanente sur les ressources naturelles. Tel est le cas de l'article 13 de la Constitution tunisienne du 27 janvier 2014 qui dispose : « Les ressources naturelles appartiennent au peuple tunisien. L'Etat exerce sa souveraineté sur ces ressources au nom du peuple ».

---

180 SALMON, J.(dir), *Dictionnaire de droit international public*, Bruxelles, Bruylant, 2001, p.1046.

181 Article 1er commun au Pacte international relatif aux droits économiques, sociaux et culturels et au Pacte international relatif aux droits civils et politiques, *Journal officiel de la RDC*, 59ème année, numéro spécial, 7 juin 2018.

L'article 51 de la Constitution subit aussi des attaques de tout genre, particulièrement à son alinéa deuxième du simple fait qu'il contient le concept des minorités qui, en RDC, est « diabolique » parce politisé à outrance. Le professeur Kabisa, l'un de plus grands pourfendeurs de la Constitution du 18 février 2006, se demandait même, au cours d'une émission télévisée qu'est-ce que ce concept est venu faire dans la Constitution congolaise. Une fois de plus, il a besoin d'une clarification scientifique susceptible d'illuminer l'obscurantisme qui le caractérise. Mais avant tout, il convient de lire ensemble le libellé de cet article faussement diabolisé. L'article 51 dispose :

> L'Etat a le devoir d'assurer et de promouvoir la coexistence pacifique et harmonieuse de tous les groupes ethniques du pays.
>
> Il assure également la protection et la promotion des groupes vulnérables et de toutes les minorités.
>
> Il veille à leur épanouissement.

L'importance exponentielle prise par le concept des « droits de l'homme » après les atrocités de la seconde guerre mondiale, a dicté la prise en compte des droits reconnus à des groupes à côté de droits individuels qui avaient, jusqu'ici, marqué la conception occidentale des droits de l'homme issus de la Déclaration de 1789. C'est ce qu'on désigne par le concept de « communautarisme » des droits de l'homme[182].

En Europe, la question des minorités ou des groupes vulnérables a commencé à attirer l'attention des dirigeants dès la fin de la première guerre mondiale qui a entrainé le démantèlement des empires Austro-Hongrois et Ottoman. En effet, dans un discours prononcé le 31 mai 1919 soit un mois avant le Traité de Versailles signé le 28 juin 1919, le Président américain Wilson déclara ce qui suit :

---

[182] MATHIEU, B. et VERPEAUX, M., *Contentieux constitutionnel des droits fondamentaux*, Paris, LGDJ, 2002, p.446.

> Rien n'est plus susceptible de troubler la paix du monde que le traitement dont les minorités pourraient dans certaines circonstances faire l'objet[183].

C'est dire que la question des minorités est directement liée à celle de la protection ou de la promotion des droits de l'homme. Au niveau international, après les premiers jalons timidement posés par la Convention pour la prévention et la répression du crime de génocide de 1948 à son article 2, l'affirmation forte et sans équivoque de la protection des minorités procède de l'article 27 du Pacte international relatif aux droits civils et politiques de 1966 qui stipule exactement ceci :

> Dans les Etats où il existe des minorités ethniques, religieuses ou linguistiques, les personnes appartenant à ces minorités ne peuvent être privées du droit d'avoir, en commun ou avec les autres membres de leur groupe, leur propre vie culturelle, de professer et de pratiquer leur propre religion, ou d'employer leur propre langue.

C'est ce texte de l'ONU qui évoque clairement les minorités et en dégage même une typologie qui les distingue en minorités ethniques, religieuses et linguistiques. Au niveau africain, c'est à l'avènement de la Charte africaine des droits de l'Homme et des Peuples, un texte qui fait la part belle aux droits des groupes, qu'apparait une disposition qui régit la question minoritaire. En effet, l'article 12 alinéa 5 de cette charte dispose que « L'expulsion collective d'étrangers est interdite. L'expulsion collective est celle qui vise globalement des groupes nationaux, raciaux, ethniques ou religieux ».

Pour avoir ratifié tous ces textes internationaux de protection des droits de l'Homme, la RDC ne pouvait plus

---

183 Wilson cité par SEGIHOBE BIGIRA, J.P., « Le droit des minorités dans la vacuité de sa positivité. L'articulation congolaise à la fluctuation internationale », http://www.dhdi.free.fr/recherches/etudesdiverses/articles/segihobeminorites.pdf , consulté le 18 novembre 2024.

demeurer indifférente à la question des minorités, comme si sur son territoire il ne se posait aucun problème du genre. La Constitution du 18 février 2006 étant très généreuse en matière des droits et libertés fondamentaux de la personne, il était tout à fait indiqué qu'elle tente d'aborder cette question, même si les réticences politiciennes ont prévalu au point que l'article 51 a été formulé avec un flou déconcertant qui prive les lecteurs d'une compréhension optimale, faute d'un criterium précis de la définition de la notion de minorité. En effet, le constituant n'emploie pas du tout l'expression « minorité ethnique », mais il parle clairement de « toutes les minorités » pour ne pas énerver certaines susceptibilités[184]. Et ces différentes minorités sont à la fois ethniques, religieuses et linguistiques, telles qu'elles sont catégorisées dans les instruments internationaux en matière des droits de l'Homme.

Affirmer, comme on l'entend souvent en RDC, qu'il n'y a pas de minorités, est simplement réducteur et ce, pour la simple raison qu'on fait allusion uniquement à la minorité ethnique tant redoutée et indexée, en l'occurrence « la minorité banyamulenge » qui est, d'après Balingene Kahombo[185], une minorité « autoproclamée » et ce, probablement du fait de la lacune définitionnelle attachée à notre dispositif juridique.

L'article 51 de la Constitution ne cache en rien un complot contre la République. Le problème des dirigeants et acteurs politiques congolais est celui de vouloir occulter des vrais problèmes de notre société, à ne pas vouloir y apporter des solutions définitives et durables. La question pertinente à poser, sans passion, consiste à se demander si réellement en RDC il n'y a pas de minorités, en prenant en compte des critères objectifs de définition qui sont l'ethnie, la langue et la religion.

---

[184] BALINGENE KAHOMBO, « La protection des minorités ethniques en République démocratique du Congo. Entre rupture et continuité des ordres constitutionnels antérieurs », https://www.hamann-legal.de , consulté le 18 novembre 2024.
[185] *Idem.*

A mon avis, la question de la minorité a pour fondement le « différencialisme », le fait d'être et d'agir différemment que les autres qui sont numériquement nombreux. Cela peut valoir pour l'ethnie, la langue ou la religion. Peut-on imaginer que la question des minorités se pose aussi dans un pays comme la France ? Pourtant, même si le Conseil constitutionnel avait toujours systématiquement rejeté les requêtes tendant à solliciter le statut de droit civil local, en l'occurrence celui du « peuple corse », la question des droits du groupe ou des minorités a fini par trouver un écho favorable dans la société française suite aux pressions des féministes, des multiculturalistes, des partisans de la diversité culturelle mais aussi des autonomistes et séparatistes régionaux adeptes du nationalisme ethnique[186].

La jurisprudence du Conseil constitutionnel avait souvent été attachée aux principes constitutionnels d'indivisibilité de la République française et d'égalité de tous les citoyens devant la loi qui ne tolère aucune discrimination liée à l'origine, à la race et au sexe. Mais cette jurisprudence a fini par être contournée, peut-être en se fondant sur le principe de la proportionnalité des droits de l'Homme, pour admettre enfin et progressivement la reconnaissance des droits des minorités en droit français. C'est le fait, notamment, de la révision constitutionnelle du 20 juillet 1998 relative au statut de la Nouvelle Calédonie qui introduisit dans la Constitution, la reconnaissance de catégories de citoyens titulaires de droits différents attachés aux groupes selon le sexe ou l'ethnie[187].

S'il n'y avait pas en RDC des minorités et des groupes vulnérables dont la situation nécessite une protection spéciale de la part de l'Etat, il n'y aurait pas eu des lois portant protection des femmes, des personnes vivant avec handicap et des populations autochtones. Toutes ces personnes bénéficient de la

---

186 LE POURHIET, A.M., « Les minorités en droit constitutionnel français », in *Démocratie et liberté : tension, dialogue, confrontation. Mélanges en l'honneur de Slobodan Milacic*, Bruxelles, Bruylant, 2008, p.147.

187 MATHIEU, B. et VERPEAUX, M., *Op.Cit.*, pp.465-466.

protection particulière en vertu justement de l'article 51 qui est faussement incriminée.

Enfin, l'article 10 qui régit la nationalité congolaise est également victime des boulets rouges qui lui sont tirés dessus. Il est visé du simple fait que son alinéa troisième dispose qu'« est congolais d'origine, toute personne appartenant aux groupes ethniques dont les personnes et le territoire constituaient ce qui est devenu le Congo(présentement la République Démocratique du Congo) à l'indépendance ». Et dans les groupes ethniques qui ont habité ce qui est devenu, le 30 juin 1960, la République démocratique du Congo, les personnes mal intentionnées et de mauvaise foi ont tendance à ne voir que les banyarwanda, ces populations venues du Rwanda avant et sous la colonisation et dont les migrations ont été soit le fait de la recherche de la main d'œuvre par le colonisateur, soit le fait des calamités, soit encore le fait des conflits ethniques dans leur pays d'origine. Les premières migrations remonteraient même au 17 siècle[188], bien avant même la création de l'Etat Indépendant du Congo(EIC) par les puissances occidentales réunies à Berlin.

La question de la nationalité des populations immigrées au Congo avant l'EIC et sous le Congo belge a été gérée par le pouvoir colonial suivant une logique économique, à savoir disposer d'une importante main-d'œuvre « nationale » pour l'économie congolaise[189]. C'est pourquoi, il n'a pas eu intérêt à opérer la distinction entre les congolais (belges de statut colonial) et les étrangers à l'indépendance. Si on est parvenu à la conclusion qu'« est congolais d'origine celui dont le territoire et la nationalité correspondait à ce qui est devenu la RDC à l'indépendance », il faut regarder et considérer cela avec responsabilité et non avec légèreté. Il s'agit là d'un héritage du pouvoir colonial difficile à remettre en question, car la paix de la RDC en dépend également.

---

[188] Kajiga cité par NGUYA-NDILA MALENGANA, C., *Frontières et voisinage en République Démocratique du Congo*, Kinshasa, CEDI, 2006, p.69.
[189] *Idem*, p.85.

Cette situation est similaire à celle de la Côte d'Ivoire qui fut aussi en Afrique occidentale française un véritable pool économique qui, pour s'assurer d'une main-d'œuvre suffisante pour les travaux des champs de cacao, a dû développer une politique de peuplement qui a vu de nombreuses populations des Etats voisins (maliens et burkinabés notamment) s'établir sur son territoire[190].

A l'indépendance, Félix Houphouët-Boigny décida de poursuivre avec cette politique d'hospitalité qui accorda à de nombreux étrangers une citoyenneté de fait qui ne motiva pas certains d'entre eux à accomplir des formalités légales d'acquisition formelle de la nationalité. C'est ce qui posa problème lorsque l'ivoirité fut prônée après la disparition du Président Félix Houphouët-Boigny.

Il faudrait que ceux qui fustigent l'article 10 alinéa 3 comprennent que cette formulation est aussi un « compromis »[191] qui procéda des termes de l'article III, point 16 de l'Accord de cessez-le-feu en République démocratique du Congo, dit « Accord de Lusaka » de 1999 conclu par les belligérants pour mettre fin au conflit meurtrier éclaté le 02 aout 1998.

Il faudrait également qu'ils comprennent que la nationalité est un droit de l'homme consacré par des instruments juridiques internationaux ratifiés par la RDC. Par exemple, l'article 15 de la Déclaration universelle des droits de l'Homme stipule que « Tout individu a droit à une nationalité » et que « nul ne peut être arbitrairement privé de sa nationalité ». L'article 1er de la

---

[190] Dans ces deux pays tout particulièrement, la discrimination en matière de nationalité a directement entraîné un conflit sanglant. Lire MANBY, B., *La nationalité en Afrique*, Londres-Paris, Open Society Foundations-Karthala, 2011, p.59.

[191] L'article III point 16 stipule que « Les Parties réaffirment que tous les groupes ethniques et nationalités dont les personnes et le territoire constituaient ce qui est devenu le Congo (présentement la RDC) à l'indépendance doivent bénéficier de l'égalité des droits et de la protection aux termes de la loi en tant que citoyen ». Lire BALANDA MIKUIN LELIEL, G., *Les Accords de paix en République Démocratique du Congo*, Kinshasa, Cheche, 2003, p.206.

Convention sur la réduction des cas d'apatridie stipule, quant à lui, que « Tout État contractant accorde sa nationalité à l'individu né sur son territoire et qui, autrement, serait apatride ». L'article 8 point 1 ajoute que « les États contractants ne priveront de leur nationalité aucun individu si cette privation doit le rendre apatride ».

En tenant compte de toutes les réalités congolaises en matière de nationalité, que celles-ci remontent à la période coloniale ou postcoloniale, il ne serait pas responsable pour les dirigeants de minimiser cette question délicate qui relève de la vie, voire de la survie des personnes. Puisque la nationalité est un droit que l'Etat accorde aux personnes résidant sur son territoire, il est du devoir de ce dernier d'exercer un contrôle sur les détenteurs de sa nationalité afin qu'elles se conforment à ses lois.

Je voudrais conclure ce point relatif aux prétendus articles-pièges en relevant une autre « invention » des acteurs politiques de l'Union sacrée qui, visiblement, prennent les Congolais pour des « bourriques », c'est-à-dire capables d'aucun discernement ou d'aucun jugement. Il est tout à fait loyal de faire campagne (même si celle-ci est prématurée) pour convaincre ses partisans à adhérer à un point de vue ou à une option en rapport avec cette problématique. Mais de là, verser dans un mensonge éhonté et ridicule, surtout lorsqu'il est débité par un officiel, ne permet plus d'être clément dans la contre-attaque. Lorsque Monsieur Samuel Mbemba, Vice-Ministre de la Justice, soi-disant juriste de formation, affirme devant sa base politique « obnubilée » et « hypnotisée » de la Tshangu, à Kinshasa, que « dans notre Constitution, si quelqu'un était Premier ministre, qu'il ait volé ou qu'il ait tué pendant l'exercice de son mandat, s'il vient à quitter ses fonctions, il ne sera jamais jugé », cela ne relève plus d'une simple interprétation erronée d'un article, mais de la création d'un article-piège qui n'existe guère dans la Constitution du 18 février 2006 que les Congolais avaient approuvée les 18 et 19 décembre 2005. Mais de quel article de la Constitution s'agit-il exactement ? Rien n'a été dit à cette foule « moutonnière » par l'orateur. Tout ceci est la preuve que la malhonnêteté intellectuelle, dans le chef de l'homme politique congolais, a atteint des proportions insupportables. Cela fait même douter de l'intégrité intellectuelle de la plupart d'acteurs politiques congolais.

Conclusion

Comme on le voit, les arguments avancés par les protagonistes du changement constitutionnel, qu'ils appartiennent tant au monde scientifique et universitaire qu'au monde politique, sont majoritairement faibles et non convaincants. La prétendue forme de l'Etat monstre et le régime parlementaire générateur d'instabilité ne sont, en réalité, rien de ce qui leur est imputé ; tout comme la forme fédérale voulue comme réponse au danger de partition du pays et au pillage de ses ressources ne sont véritablement des palliatifs à la situation critique que traverse la RDC. Les articles de la Constitution faussement qualifiés de « piège » sont à la base de toute la rhétorique mensongère empruntée par des acteurs politiques en mal d'arguments pertinents pour convaincre du bien-fondé du changement souhaité.

L'obstination d'obtenir à tout prix ce changement constitutionnel fondé, en réalité, sur des alibis pourrait entrainer le pays vers un nouveau cycle des violences politiques susceptibles de dégénérer en conflits armés qu'on avait crus avoir relégué dans le passé. Telle est la quintessence du chapitre quatrième qui boucle l'étude.

Chapitre quatrième :

Les risques d'un processus constituant confisqué

La confiscation du processus constituant, qu'il s'agisse de la révision ou du changement de la Constitution, par une majorité présidentielle et ou parlementaire, dont la légitimité électorale a été l'objet des contestations, va générer de sérieux risques d'instabilité à la fois politique et constitutionnelle. Ce qui va, de nouveau, entrainer le pays dans un cycle des conflits politiques, voire armés, alors que le peuple congolais avait cru les avoir déjà relégués aux calendes grecques. Non seulement, le pacte constitutionnel républicain sera rompu (section I), la RDC sera, sans conteste, exposée à une résurgence des violences politiques et armées de contestation de légitimité (section II).

Section I. La rupture du pacte constitutionnel républicain constitutif du Nouvel Ordre politique issu du compromis de Sun City

La Constitution du 18 février 2006 est une constitution qui avait, dans le processus de son élaboration, voire de son adoption, recueilli un large consensus exprimé par l'ensemble des forces vives de la nation. Telle est l'une de ses particularités[192]. Elle est

---

[192] D'après El Hadj Mbodj, la particularité de la Constitution de la République démocratique du Congo du 18 février 2006 est qu'aucune individualité ne peut s'approprier la source unique d'inspiration. Elle est loin des constitutions livrées « clés en mains » par un expert, ou des processus pilotés par un seul acteur décidant en dernière instance de la suite à réserver aux propositions constitutionnelles. Plusieurs mains ont concouru à l'écriture de cette constitution qui a subi de multiples retouches tout au long des différentes étapes qui ont jalonné son parcours. On peut voir en cette constitution le prototype d'une constitution inclusive dont le processus d'élaboration devrait inspirer les constituants africains. Voy. MBODJ, E.H., « Emergence de la culture constitutionnelle inclusive en Afrique. Expérience vécue du processus d'élaboration de la Constitution de la République démocratique du

en outre le fruit de difficiles compromis[193] entre les forces politiques en présence lors de son élaboration.

Cette Constitution avait comme mission de mettre fin à la crise de légitimité dont le paroxysme avait généré des conflits armés violents qui ont causé d'importants dégâts matériels et humains. En conséquence, un processus constitutionnel unilatéral et confisqué par une seule famille politique risquerait de faire resurgir la crise de légitimité et les conflits politiques, voire armés.

A travers les réformes qui sont annoncées, en l'occurrence, la remise en question de l'autonomie des provinces au travers de la nomination des gouverneurs[194], c'est l'une des options fondamentales de l'ordre constitutionnel du 18 février 2006 qui est menacée d'abrogation : la décentralisation en tant qu'expression de la démocratie locale.

Sous la deuxième République, le pays a été gouverné sous un système de forte centralisation qui était, d'après les autorités

---

Congo du 18 février 2006 », in SALL, A. et FALL, I.M.(dir), *Actualités du droit public et de science politique en Afrique. Mélanges en l'honneur de Babacar Kanté,* Dakar, L'Harmattan-Sénégal, 2017, pp.225.

193 Pour percevoir les options qui ont fait l'objet des compromis entre les forces politiques en présence, lire ESAMBO KANGASHE, J.L., *Traité de droit constitutionnel congolais*, Paris, L'Harmattan, 2017, pp.65-66 ; ESAMBO KANGASHE, J.L., *La Constitution du 18 février 2006 à l'épreuve du constitutionnalisme. Contraintes pratiques et perspectives*, Louvain-la-Neuve, Academia-Bruylant, 2010, pp. 105-123. Un regard rétrospectif du processus d'élaboration et d'adoption de la Constitution, écrit-il, incite à reconnaitre que le constituant a été soucieux d'établir un texte de compromis entre les acteurs nationaux et entre ceux-ci et la communauté internationale.

194 Le Président de la République l'a encore confirmé à la dernière interview de Bruxelles, celle du mois d'aout 2024, en martelant que « la désignation des gouverneurs fragilise les provinces. Les gouverneurs étant les grands commis de l'Etat, il faut qu'ils soient nommés par le Gouvernement central et répondent de celui-ci ». Cfr. Interview accordée à Christian Lusakweno de *Top Congo* et Baudouin Baweti de *Congoindépendant,* Bruxelles, le 6 aout 2024, http://www.mediatopcongo.com , consulté le 11 aout 2024.

au pouvoir, justifié par la nécessité de rétablir l'autorité de l'Etat, pacifier le pays, assurer la cohésion nationale et l'intégrité du territoire[195]. Mais la longue durée de cette centralisation avait fini par asphyxier le système politique, administratif et économique du pays[196]. Il avait étouffé le peuple dans ses particularités et dans ses initiatives locales au point de déboucher sur des contestations et des velléités centrifuges. L'option de la décentralisation prise par le constituant du 18 février 2006 était un correctif ou un palliatif aux méfaits de la tradition centralisatrice de la deuxième République qui, en dépit des expériences de relâchement de 1982 et 1995, ont continué à hanter les gouvernants et à mettre à l'écart les populations.

Cette option de la décentralisation levée par le constituant avait été légitimée et avait recueilli l'adhésion du peuple congolais qui y voyait un facteur d'impulsion de son développement à la base. Il est vrai que cette décentralisation n'a pas encore donné des résultats escomptés. Mais l'expérience de la gestion autonome des entités décentralisées, voire régionalisées a quelque peu suscité de l'émulation dans le chef des acteurs locaux préoccupés de prendre à bras le corps le destin de leurs entités. Elle reste, de ce fait, un défi à relever par les populations locales. Vouloir remettre en question les acquis de cette décentralisation risquerait d'engendrer une crise de légitimité, surtout si les réformes à opérer n'emportent pas une large adhésion des forces politiques et sociales de la nation congolaise.

Par ailleurs, si la réforme constitutionnelle envisagée venait à remettre en question la limitation du mandat présidentiel, en ouvrant la voie à une présidence à vie, il y a fort à parier que la crise politique de légitimité des acteurs et des institutions sera exacerbée par une telle option. En effet, les dispositions relatives à la durée et au nombre des mandats présidentiels paraissent, depuis quelques années, comme des prescriptions constitutionnelles les plus connues des populations, voire les plus

---

[195] VUNDUAWE te PEMAKO, F. et MBOKO DJ'ANDIMA, J.M., *Op. Cit.*, p.453.
[196] *Idem.*

enclines à éveiller leur conscience constitutionnelle[197]. De sorte que leur remise en question sera vue comme un recul dans le cheminement vers la démocratie et l'Etat de droit.

Dans un pays où les frustrations liées à la dégradation de la situation sécuritaire dans la partie orientale sont très perceptibles, un changement constitutionnel non consensuel et confisqué par une seule famille politique, surtout qui aurait vocation à remettre en cause les acquis démocratiques, risquerait de servir de déclencheur à une guerre civile et fratricide qui creuserait davantage la fracture sociale entre Congolais.

Il faut être conscient des risques de la résurgence des violences et conflits armés.

Section II. Le risque de la résurgence des violences et conflits armés

La crise constitutionnelle a souvent, principalement en Afrique sub-saharienne, dégénéré en conflits politiques ou armés de grande envergure. Très souvent, c'est des tripatouillages constitutionnels ou des changements intempestifs des constitutions qui débouchent sur des conflits politiques qui, à leur tour, peuvent se muer en conflits armés s'ils ne sont pas bien gérés.

Le conflit le plus meurtrier que la Côte d'Ivoire a connu entre 1999 et 2010 a été une conséquence des manipulations constitutionnelles qui avaient pour objectif d'exclure une catégorie d'acteurs politiques du rouage du pouvoir. C'est lorsque les exclus se sont rendus compte que politiquement ils n'avaient plus de chance de se faire entendre qu'ils avaient choisi la voie des armes pour porter haut leurs revendications politiques.

---

[197] La conscience constitutionnelle est un sentiment de plus en plus développé par les populations africaines et qui les incite à s'ériger en bouclier pour défendre la constitution et exiger son respect par les gouvernants. Lire à ce sujet, OMAR DIOP, E.H., *L'instrumentalisation de la Constitution dans les régimes politiques africains*, Dakar, Credila-Ovipa, 2017, p.324.

Même si le conflit congolais de 1996 à 2003 avait des mobiles essentiellement économiques, les revendications politiques étaient mises à l'avant-plan pour justifier la conflictualité. C'est pourquoi, le Dialogue intercongolais avait érigé l'inclusivité en principe de base pour la réussite des négociations et du Nouvel ordre politique qui devait être instauré à l'issue de celles-ci.

Sur le plan juridique, la Constitution du 18 février 2006 devait être le symbole de cette inclusivité, mieux de la réconciliation nationale. C'est la raison pour laquelle plusieurs de ses options ont été le résultat des compromis obtenus après de difficiles concessions entre les parties prenantes. Les matières déclarées intangibles symbolisent ces compromis et ce large consensus national. De sorte que si ce consensus venait à être rompu par une seule partie, parce qu'elle userait de sa position de détentrice momentanée du pouvoir, il y aurait de fortes chances de provoquer une conflictualité armée que les exclus du processus utiliseraient comme prétexte pour se faire entendre. On reviendrait alors à la case du départ, alors que le Nouvel ordre politique fondé sur la Constitution du 18 février 2006 avait vocation à mettre définitivement fin à la crise de légitimité et à ses conséquences que sont les conflits politiques et armés.

Conclusion

Les risques auxquels un processus constituant confisqué et non consensuel expose la RDC sont de deux ordres. Il s'agit tout d'abord du risque de la rupture du pacte constitutionnel républicain issu du Nouvel Ordre politique instauré après le Dialogue intercongolais et, ensuite, du risque de la résurgence des violences politiques ou armées de contestation de la légitimité.

Conclusion générale

Une Constitution en tant que texte fondamental sur lequel un Etat s'appuie pour organiser ses institutions et protéger les droits de ses citoyens est appelée à évoluer ou même à être remplacée lorsque les conditions sont réunies et ce, pour s'adapter à l'évolution de la société et aux besoins de ses populations. Dans le cas du remplacement pur et simple, le changement de la Constitution peut être aussi bien violent que pacifique. La révolution constitutionnelle pacifique évoque une transformation fondamentale du droit en vigueur, une rupture irréversible qui conduirait à un retour vers un point d'origine. Un tel changement est celui qui s'opère forcement dans l'irrespect total des règles régissant la révision constitutionnelle[198].

Il nous semble très probable que le régime de l'Union pour la Démocratie et le Progrès Social(UDPS) piloté par Félix-Antoine Tshisekedi s'est inscrit dans une telle logique, tant aussi bien les rumeurs des médias sociaux et les publications des journaux, les écrits de certains scientifiques, les déclarations des cadres de ce parti au pouvoir que les intentions affichées du Président de la République, l'attestent. Cette révolution, qui saperait les fondements démocratiques de l'Etat congolais posés par le Nouvel Ordre politique issu de la rupture avec l'ordre ancien de la deuxième République et dont le symbole est la Constitution du 18 février 2006, serait dictée par des « fallacies » et non par des exigences plus démocratiques que celles qu'elle s'engagerait à répudier. Car une véritable révolution constitutionnelle devrait avoir des mobiles objectivement observables, tels l'absence d'un espace ou cadre d'expression des libertés et droits fondamentaux des citoyens ainsi que

---

[198] Voy. PFERSMANN, O., « Révolutions constitutionnelles, analyses doctrinales et justifications jurisprudentielles », in CHARLOT, P. et KLEIN, C., *Emergence de nouveaux modèles de démocratie constitutionnelle. Afrique, Proche-Orient*, Paris, Editions Mare et Martin, 2018, p.35.

l'amenuisement de tout espoir d'un bien-être socio-économique du peuple. Tel n'est pourtant pas le cas maintenant, comme il en a été au moment de la mise en place du Nouvel Ordre politique fondé sur la Constitution du 18 février 2006.

Si changement constitutionnel il devrait y avoir en RDC, il aurait pour seule finalité le besoin de confiscation, de concentration et de conservation, le plus longtemps possible, du pouvoir par ses détenteurs actuels. Car, au-delà de l'impératif du développement du pays qu'on pourrait évoquer comme alibi, les Etats démocratiques modernes sont gouvernés suivant les préceptes de la morale du constitutionnalisme, qui recommande la limitation, même en marge des textes, du pouvoir d'Etat. La RDC ferait un dangereux rétropédalage si le pouvoir en place s'obstinait à opérer cette révolution constitutionnelle fallacieuse. La Constitution du 18 février 2006 a plus besoin d'être bien appliquée que d'être modifiée ou changée, tant elle renferme tous les piliers dont une démocratie constitutionnelle a besoin pour s'épanouir. Quitte à les activer correctement, intelligemment et ce, de bonne foi.

C'est le prétexte de tous les Chefs d'Etat africains qui désirent rempiler et s'éterniser au pouvoir de dire qu'il y a encore beaucoup de chantiers à terminer ou à poursuivre pour le développement du pays et le bien-être des populations. Par conséquent, c'est au peuple de décider. En réalité, ils pensent d'abord à eux-mêmes lorsqu'ils font de telles déclarations mais jamais à ce peuple-là pour lequel ils prétendent rester au pouvoir. Même quand ils passent quatre décennies au pouvoir comme Paul Biya et Teodoro Obiang Nguema, jamais ils ne peuvent dire qu'ils ont terminé ce qu'ils avaient à faire. Donc, le développement du pays pour lequel ils prétendent s'éterniser au pouvoir n'est que pur prétexte.

Pour ce qui nous concerne, il est temps que les Congolais comprennent que ce qui est recherché au travers de la révision ou du changement de la Constitution, ce n'est ni leur bien-être ni le développement politique, dans le sens de l'émergence de l'Etat de droit démocratique, mais bien le maintien au pouvoir d'un individu et ce, pour ses fins égoïstes.

Appendice :

L'inconstitutionnalité de tout projet de referendum visant la neutralisation de l'article 220 de la constitution

Alors que la matrice de l'ouvrage est constituée des réfutations dirigées contre des arguments avancés en vue de soutenir le changement de Constitution, cet appendice a pour vocation de contrer tout projet de référendum qui serait activé, en vertu de la Constitution, pour tenter de neutraliser les dispositions intangibles contenues dans l'article 220 de la même Constitution du 18 février 2006. Il s'oppose à l'invocation de l'argument de la souveraineté du peuple (section I) et appelle à la sanction d'inconstitutionnalité d'un projet de référendum de révision des dispositions verrouillées de la Constitution (section II).

Section I. Contre l'argument de la souveraineté du peuple pour réviser l'article 220 de la Constitution

Dans une lettre-circulaire[199] adressée récemment aux présidents fédéraux, sectionnaires et cellulaires de son parti, Monsieur Augustin Kabuya, Président ad intérim de l'UDPS, a *expressis verbis* invité ses collaborateurs à mobiliser à la base pour expliquer aux militants le bien-fondé de la mise en œuvre du processus de révision de la Constitution en vigueur selon les normes prévues par cette dernière[200].

Puisqu'il s'agit de soutenir une révision de la Constitution du 18 février 2006 « selon les normes prévues par cette

[199]Circulaire n°001/UDPS/PP/SG/AKT/2024 relative à la campagne de sensibilisation pour la révision de la Constitution du 18 février 2006.
[200] Lire le cinquième paragraphe de la circulaire.

dernière », le Président *ad intérim* de l'UDPS est en droit de savoir que l'article 220 de ladite Constitution dispose :

> La forme républicaine de l'Etat, le principe du suffrage universel, la forme représentative du Gouvernement, le nombre et la durée des mandats du Président de la République, l'indépendance du pouvoir judicaire, le pluralisme politique et syndical, ne peuvent faire l'objet d'aucune révision constitutionnelle.
>
> Est formellement interdite toute révision constitutionnelle ayant pour objet ou pour effet de réduire les droits et libertés de la personne, ou de réduire les prérogatives des provinces et des entités territoriales décentralisées.

Au regard de l'acharnement qui s'observe, depuis quelque temps, contre la Constitution en vigueur, il est de notoriété publique que « les champions » du changement ou de la révision constitutionnelle sont incités par la présence de deux principales limitations qui les fâchent, à savoir la limitation concernant le nombre et la durée des mandats du Président de la République et celle concernant l'autonomie des provinces. Sans doute s'emploieront-ils, dans leur campagne de sensibilisation à la révision, à convaincre, quoiqu'il en coûte, la population à accepter un référendum visant à lever ces prohibitions. Ici, ils invoqueront le principal argument mobilisé, il y a dix ans, par Evariste Boshab dans son ouvrage[201] qu'ils avaient pourtant diabolisé. En effet, pour soutenir la révision par voie référendaire aux fins de neutraliser l'article 220 de la Constitution, il écrivait exactement ce qui suit :

> Par ailleurs le Président de la République étant élu au suffrage universel direct, pourquoi décide-t-on à la place du peuple ? Si le peuple ne partage plus les

[201] BOSHAB, E., *Entre la révision de la Constitution et l'inanition de la nation*, Bruxelles, Larcier, 2013.

> mêmes préoccupations qu'un candidat président, il le sanctionne en ne l'élisant pas. Décider en lieu et place du peuple souverain parait antidémocratique et en l'infantilisant et le prenant pour un mineur dont il faudrait éclairer le choix.[202]

Cette même idée a été soutenue dans un autre paragraphe de l'ouvrage diabolisé, mais qui sera bientôt présenté comme un ouvrage-référence dans la campagne de sensibilisation au référendum visant la révision de l'article 220 :

> Comment ne pas déplorer qu'on puisse au nom de la démocratie, privilégier une procédure antidémocratique mettant le peuple totalement à l'écart ? Pourquoi ne pas réserver la voie parlementaire aux « réformettes », qui ne seraient que des aménagements techniques mineurs, et d'exiger que toutes les révisions majeures soient soumises à l'approbation directe du peuple souverain. Ce serait à la fois justice et équité. Justice parce que la Constitution ayant été approuvée au référendum, il ne serait pas juste de modifier ses principes essentiels sans requérir l'avis du peuple, car la représentation par des élus ne signifie nullement la substitution au peuple[203].

L'argument de l'invocation de la souveraineté du peuple fondé sur l'impératif démocratique, procède justement de la confusion entretenue entre le pouvoir constituant et le pouvoir de révision (constituant dérivé). En effet, pour ne pas tomber dans cette confusion, il faut distinguer d'une part le peuple souverain, celui-là qui n'est soumis à aucune contrainte juridique lorsqu'il met en place une nouvelle constitution (c'est lui le constituant), du peuple qui intervient dans le cadre constitutionnel et qui y est soumis (c'est le peuple constitué ou institué), en respectant toutes les procédures et conditions de son intervention, que ce soit au

---

[202] *Idem*, p.278.
[203] BOSHAB, *Op. Cit.*, pp.323-324.

moyen d'élections tout comme au moyen du référendum. Ce peuple ici n'a jamais été souverain et ne le sera jamais, à moins qu'il décide d'élire ses représentants en boycottant toutes les lois, ou d'adopter un texte sans respect aucun de la procédure initialement prévue. Mais tant qu'il intervient dans le respect des conditions et procédures lui tracées par la Constitution et les lois, il est soumis et donc il n'est pas souverain. C'est peut-être sa décision au bout de la procédure d'intervention qui peut être jugée souveraine. Et même alors, à condition qu'elle ne soit entachée d'aucune irrégularité dans son processus.

Nous sommes d'accord que les représentants du peuple ne peuvent pas confisquer le pouvoir du peuple. Tout comme nous sommes aussi d'avis qu'ils ne peuvent l'infantiliser. Mais si ceux-ci interviennent dans le respect de la Constitution, tel que l'a souhaité le souverain, il n'y a lieu à aucune entorse, à aucune confiscation, parce que la loi ou l'intervention des représentants ne constitue la volonté générale que dans le respect de la Constitution[204].

Ensuite, la souveraineté du peuple institué est une souveraineté démocratique qui n'est légitime que dans le respect de la Constitution. Parce que les règles constitutionnelles ne limitent pas la démocratie ou la souveraineté du peuple mais elles la rendent possible et permettent au peuple d'exercer sa souveraineté[205]. Donc, à l'argument souverainiste qui prétend que le peuple peut se passer des prescriptions constitutionnelles qui le limitent, la Cour suprême du Canada avait opposé l'argument de l'engagement préalable qui postule qu'« un peuple pourrait bien s'engager d'avance à respecter des règles constitutionnelles qui confèreraient tous les pouvoirs législatifs à un groupe de prêtres et tout le pouvoir constituant à un général d'armée. De plus, il pourrait rendre les dispositions

[204] CC, Décision n°85-197 du 23 août 1985.

[205] TREMBLAY, L., « Deux thèses sur la démocratie et le constitutionnalisme : la souveraineté du peuple et l'engagement préalable », *Revue de droit de l'Université Sherbrooke*, n°41, 2011, p.602.

constitutionnelles impossibles à modifier, ni même par l'institution constituante »[206]. Pour cette Cour, la Constitution « habilite » le peuple à agir démocratiquement, elle ne le limite pas[207].

Le fait pour Evariste Boshab de penser que la seule élimination d'un Président de la République ne serait possible que par sa répudiation par le peuple à travers la sanction électorale, et non par la limitation de mandat, est tout simplement une suggestion à un retour aux pratiques monarchiques. Aujourd'hui, la démocratie est constitutionnelle, c'est-à-dire limitative. On ne peut pas revendiquer la démocratie au bénéfice du peuple et inciter celui-ci à ne pas se soumettre à sa volonté constituante. Que l'on soit un homme providentiel ou pas, dès lors qu'on a dirigé et épuisé son mandat, on doit laisser la charge présidentielle à un autre qui prendra le relai. C'est cela la démocratie, le constitutionnalisme moderne et l'Etat de droit. Le peuple lui-même en a décidé ainsi à travers la Constitution qui traduit mieux sa volonté.

La démocratie la plus légitime aujourd'hui n'est pas la démocratie électorale ou la démocratie majoritaire manipulée à tout vent, selon les humeurs et caprices d'une aristocratic, mais c'est la démocratie constitutionnelle, qui postule la limitation du pouvoir, l'Etat de droit. D'après Stéphane Pinon[208], l'idéologie de l'Etat de droit, fruit d'une suspicion renforcée à l'égard de la démocratie majoritaire, constitue sans doute le principal obstacle au retour d'une souveraineté populaire agissante.

Evariste Boshab est l'un de ceux qui assimilent le pouvoir constituant au pouvoir de révision incarné par des représentants du peuple. Mais il est étonnant qu'il taxe encore la voie parlementaire instituée comme alternative à la voie référendaire

---

[206] *Idem*, p.600.

[207] *Idem*, p.602.

[208] Stéphane Pinon, cité par BALAGUER CALLEJON, F., PINON, S. et VIALA, A. (dir), *Le pouvoir constituant au XXI e siècle*, Paris, Institut universitaire Varenne, 2017, p.110.

en vue de la révision de la constitution, d'antidémocratique. Cette hypothèse de recourir au congrès en lieu et place du peuple, pour procéder à la révision constitutionnelle, est une option constitutionnelle[209], c'est-à-dire qui relève de la volonté du peuple consacrée dans la Constitution. Comment pourrait-elle être antidémocratique et taxée telle par un défenseur de l'assimilation du pouvoir constituant au pouvoir constitué ? Le parlement ne serait-il plus le creuset de la démocratie ?

La démocratie majoritaire est, de nos jours, quasi engourdie par la dogmatique de l'Etat de droit accolée à la prétendue sagesse des juges. Par conséquent, l'évocation d'une souveraineté populaire agissante ne fait plus recette, d'après l'expression de Stéphane Pinon[210]. La démocratie est donc soumise au contrôle qu'assurent les juges sur l'expression majoritaire.

Section II. La sanction d'inconstitutionnalité contre tout projet de loi référendaire de révision de la Constitution

Suivant le statut reconnu au peuple, dans la Constitution, comme corps électoral susceptible d'exercer, dans l'hypothèse référendaire, une fonction délibérative[211], il est tout à fait logique que la loi référendaire expression de sa volonté soit déférée devant la Cour constitutionnelle qui jugera de sa constitutionnalité.

Dans le cas qui nous concerne, si en faisant recours à la souveraineté du peuple qui serait alors appelé à prendre une

---

[209] Article 218 alinéa 4 de la Constitution, …*Op.Cit.*

[210] PINON, S., « La participation populaire directe au pouvoir constituant. Regards sur le droit étranger », in BALAGUER CALLEJON, F., PINON, S. et VIALA, A. (dir), *Le pouvoir constituant au XXIème siècle,* Paris, Institut Universitaire Varenne, 2017, p.213.

[211] DAUGERON, B., « Les électeurs sont-ils le peuple ? Peuple, citoyens, électeurs en droit constitutionnel : essai de distinction théorique », in BOUTAYEB, C.(dir.), *La Constitution, l'Europe et le droit. Mélanges en l'honneur de Jean-Claude Mas*clet, Paris, Editions de la Sorbonne, 2022, p. 160.

initiative de révision constitutionnelle, en vertu de l'article 218 alinéa 1er, point 4, cette initiative devrait aboutir soit par une loi constitutionnelle de révision de la Constitution, soit par une loi référendaire de révision de la Constitution. Dans les deux cas, si l'objectif de la loi en question serait de réviser les dispositions intangibles contenues dans l'article 220, en l'occurrence le nombre et la durée du mandat du Président de la République, ainsi que l'autonomie des provinces, elle sera déclarée inconstitutionnelle par le juge constitutionnel, se fondant sur l'article 160 alinéa 1er de la Constitution qui dispose que « La Cour constitutionnelle est chargée du contrôle de la constitutionnalité des lois et des actes ayant force de loi ». La loi de révision constitutionnelle, qu'elle soit d'origine parlementaire ou d'origine populaire, est avant tout une loi qui tombe sous la compétence du juge constitutionnel congolais.

Le recours au droit comparé permet de soutenir que la Cour constitutionnelle serait en droit de contrôler toute loi, quelle qu'en soit l'origine, qui viserait à modifier les dispositions verrouillées par le constituant. En effet, dans sa décision c-114/2019, la Cour constitutionnelle colombienne a déclaré une loi de révision inconstitutionnelle parce qu'elle admettait un troisième mandat consécutif au Président de la République, en argumentant qu'une telle révision aurait l'effet d'empêcher l'alternance au pouvoir, de porter atteinte aux droits des minorités politiques, et d'altérer l'équilibre des pouvoirs[212].

Le 5 juin 2008, la Cour constitutionnelle turque avait déclaré une loi constitutionnelle contraire au principe de laïcité consacré à l'article 2 de la Constitution et déclaré intangible par l'article 4. Ses amendements proposés par la loi constitutionnelle

[212]GUASTINI, R., « Identité de la Constitution et limites à la révision constitutionnelle (le cas colombien) », in Le PILLOUER, A. (dir), *La protection de la Constitution. Finalités, mécanismes, justifications*, Poitiers, Presses universitaires juridiques, 2018, p.131.

du 9 février 2008 et adoptés par 411 voix sur 550 députés furent annulés par la Cour[213].

La Cour constitutionnelle italienne, elle, a affirmé dans son arrêt n°1146 de 1988 que les lois constitutionnelles et les lois de révision constitutionnelle peuvent être déclarées inconstitutionnelles même pour vices matériels. D'après elle, la Constitution italienne contient certains principes suprêmes qui ne peuvent être remis en question ou modifiés dans leur contenu essentiel même par des lois de révision constitutionnelle ou par d'autres lois constitutionnelles. Sont irrévisables non seulement les principes que la Constitution désigne explicitement comme limites absolues au pouvoir de révision constitutionnelle, tels la forme républicaine (art. 139) mais aussi les principes qui, tout en n'étant pas expressément mentionnés parmi ceux qui ne peuvent être soumis à la procédure de révision constitutionnelle, appartiennent à l'essence des valeurs suprêmes sur lesquelles se fonde la Constitution italienne[214].

En Afrique subsaharienne, le Benin nous offre un modèle d'audace du juge constitutionnel face à cette sensible question, tant sa Cour constitutionnelle a déjà eu à contrôler la constitutionnalité d'une loi référendaire. En effet, par sa décision DCC 11-067 du 20 octobre 2011, la Cour constitutionnelle jugeait que le pouvoir constituant dérivé référendaire peut être limité par des principes créés par le juge constitutionnel. En se fondant sur les « options fondamentales de la Conférence Nationale » du 26 février 1990 et qui sont reprises par les articles 42, 44 et 54 de la Constitution, la Cour constitutionnelle déclara l'inconstitutionnalité de l'article 6 de la loi organique qui fixe les limites du recours au référendum. En définitive, le juge constitutionnel béninois affirma que le pouvoir constituant de révision ne peut pas se comporter comme le pouvoir constituant

---

[213] Lire Ö. KABOGLU, I., « Le contrôle juridictionnel des amendements constitutionnels en Turquie », *Cahiers du Conseil constitutionnel*, n°27, Janvier 2010, pp.1-6.

[214] LUCIANI, M., « Le contrôle de constitutionnalité des lois constitutionnelles en Italie », *Cahiers du Conseil constitutionnel*, n°27, Janvier 2010, p.4.

originaire, même s'il se manifeste dans le corps du peuple lui-même.[215]

Lorsque l'ouvrage d'Evariste Boshab était publié en 2013, un débat houleux avait éclaté dans la doctrine congolaise au sujet de la validité de sa principale thèse de l'invocation de la souveraineté du peuple et, par ricochet, de la compétence du juge constitutionnel face à une loi de révision constitutionnelle, fût-elle d'origine populaire.

C'est en se fondant sur cette capacité des juges à sanctionner les actes inconstitutionnels des pouvoirs publics qu'André Mbata[216], qui s'employait à répondre à Evariste Boshab, mit en exergue l'action de la Cour constitutionnelle du Benin dans sa décision DCC 11-067 du 20 octobre 2011 sanctionnant l'inconstitutionnalité de la loi organique n°2011-27 portant conditions de recours au référendum, en vue de tenter d'obtenir un troisième mandat présidentiel pour Boni Yayi[217].

Pour démontrer que dans le processus de révision de la Constitution, ni le peuple intervenant par une loi référendaire ni les représentants du peuple par une loi de révision

[215] Lire ADAMA KPODAR et DODZI KOKOROKO, « La Cour constitutionnelle du Benin peut-il soumettre aux " options fondamentales de la Conférence nationale", le peuple dans l'exercice de son pouvoir de révision ? Commentaire croisé de la Décision DCC 11-067 du 20 octobre 2011 de la Cour constitutionnelle du Benin », *Annuaire béninois de justice constitutionnelle*, volume I, 2013, pp. 703-706.

[216] MBATA BETUKUMESU MANGU, A., « Inconstitutionnalité d'un troisième mandat présidentiel : leçons de la Cour constitutionnelle du Benin à d'autres cours constitutionnelles africaines », *RADG*, vol. I., n°4, 2014, pp.133-147.

[217] Il découle de cette décision, indique-t-il, que la limitation à deux du nombre de mandats présidentiels étant une option fondamentale prise lors de la conférence nationale de février 1990, celle-ci ne saurait faire l'objet d'aucune révision ni de référendum. Voy. MBATA BETUKUMESU MANGU, A., Inconstitutionnalité d'un troisième mandat présidentiel…, *Op. Cit.*, p.139.

constitutionnelle, ne peuvent se draper de l'étiquette de souverain, Pierre Akele Adau[218] écrit :

> Il est important de retenir que les lois référendaires et les lois de révision constitutionnelle votées en violation de la Constitution restent susceptibles de pourvoi en inconstitutionnalité. (...) Les interventions du juge dans le processus référendaire participent au phénomène de rationalisation normative dans la mesure où elles limitent la portée du référendum en conditionnant l'expression référendaire au respect des normes hiérarchiquement supérieures. Il s'agit d'éviter les risques évidents d'instrumentalisation du peuple et traquer tout ce qui peut ressembler à des dérives plébiscitaires.

Intervenant dans ce débat, Paul-Gaspard Ngondankoy[219] écrivait que, dans un Etat de droit démocratique, une fois la Constitution adoptée, le peuple cesse momentanément de se comporter comme pouvoir constituant originaire. Il se dessaisit momentanément de son œuvre pour devenir, comme les autres, un acteur du jeu démocratique. En tant qu'acteur, il ne peut prétendre s'affranchir de la règle du jeu édictée par lui-même sous prétexte qu'il est souverain. Son agir et sa démarche sont rationalisés et sont même susceptibles de contrôle de constitutionnalité. C'est la démocratie constitutionnelle, ainsi que le tranche également Jacques Djoli[220].

---

[218]AKELE ADAU, P., « Réponses pénales au discours du désordre ou au désordre du discours constitutionnel en République démocratique du Congo : la Cour constitutionnelle à l'épreuve », *Revue africaine de la Démocratie et de la Gouvernance*, Volume I, n°2 et 3, 2014, pp.59-60.

[219]NGONDANKOY NKOY-ea-LONGYA, P.G., « La problématique de la révision ou du changement de la Constitution », http://www.lepotentielonline.com , consulté en décembre 2016.

[220] DJOLI ESENG'EKELI, J., La mobilité constitutionnelle..., *Op. Cit.*, p.681.

Pour s'opposer à la thèse boshabienne du recours à la souveraineté du peuple pour obtenir la révision de la disposition intangible relative au mandat présidentiel, Joseph Kazadi Mpiana[221] notait que le référendum ne peut être convoqué pour réviser la disposition intangible de la limitation du nombre de mandats présidentiels. D'après lui, même si le constituant congolais n'a pas expressément régi cette question, la formulation de l'article 220 semble suggérer une interprétation confortant cette hypothèse.

Même si la Cour constitutionnelle n'a pas encore été mise à l'épreuve par une telle affaire, nous sommes convaincus, au vu de sa jurisprudence particulièrement militante, depuis son installation, en faveur de l'Etat de droit, qu'elle ne se résignerait pas en affichant une attitude de mollesse qui l'inciterait à décliner son incompétence à statuer sur une loi de révision constitutionnelle visant les matières intangibles. En effet, du fait que, par sa jurisprudence, la Cour constitutionnelle congolaise est, de plus en plus, déterminée à affirmer et à défendre les valeurs de l'Etat de droit, de la démocratie et des droits humains, consacrées par la Constitution aussi bien dans son préambule que dans son dispositif[222] ; du fait surtout qu'elle a affirmé qu'aucun pouvoir organisé par la Constitution n'est autorisé à porter atteinte ni aux droits fondamentaux, ni à l'équilibre du système démocratique ou à l'équilibre des pouvoirs, ni à l'Etat de droit[223] ; du fait qu'elle a également étendu sa compétence pour connaitre de la constitutionnalité de tout acte d'assemblée politique délibérante, dès lors que l'acte déféré devant elle ne relève de la compétence matérielle d'aucun autre juge et que le requérant invoque la violation d'un droit fondamental auquel la

221 KAZADI MPIANA, J., « L'odyssée de la clause intangible du nombre des mandats présidentiels au regard de la révision par voie référendaire dans le constitutionnalisme africain. Une valse à trois temps ? », in MINGASHANG, I.(dir), *La responsabilité du juriste face aux manifestations de la crise dans la société contemporaine. Un regard croisé autour de la pratique du droit par le Professeur Auguste Mampuya*, Bruxelles, Bruylant, 2018, p.640.

222 CC., Arrêt R.Const. 1800 du 22 juillet 2022, douzième feuillet.

223 *Idem.*

constitution accorde une protection particulière[224], on ne voit pas comment un projet, une proposition, voire une pétition de révision qui viserait à neutraliser les dispositions intangibles échapperait à la sanction du juge constitutionnel. Il sera seulement question que la Cour constitutionnelle s'appuie sur sa propre jurisprudence pour trouver des arguments pertinents susceptibles de l'habiliter à contrôler toute révision constitutionnelle à effet déconsolidant et attentatoire aux valeurs et principes fondamentaux protégés par l'article 220.

---

[224] *Idem.*

Postface

La Constitution congolaise du 18 février 2006 fait face actuellement à une réelle menace existentielle. Le pouvoir en place affiche sa volonté de la remplacer par une autre comme en témoigne le discours du Chef de l'Etat à Kisangani le 23 octobre 2024. Pourtant, toute réforme constitutionnelle n'est pas bonne pour la République démocratique du Congo (RDC). C'est, en filigrane, le message central qui ressort de cet ouvrage qui tend à prévenir la société congolaise contre la confiscation du pouvoir à travers des manœuvres dolosives, unilatérales et non consensuelles d'une réforme constitutionnelle de grande envergure, alors que, selon l'auteur, la Constitution du 18 février 2006 « a plus besoin d'être bien appliquée que d'être modifiée ou changée ».

L'ouvrage a précisément examiné les propositions émanant de trois catégories d'acteurs invoquant les thématiques sur lesquelles cette réforme pourrait porter. D'abord, celles des professeurs Placide Mabaka et Isidore Ndaywel. Le premier semble plaider pour un régime politique carrément présidentiel, dans un Etat unitaire à commandement unique, ce qui serait, selon lui, porteur de stabilité politique. Il soutient également une meilleure constitutionnalisation de la laïcité et de la liberté de conscience, tandis que le second, tout en étant aussi favorable au régime présidentiel, préconise le fédéralisme et le déplacement de la capitale de la ville de Kinshasa à Kisangani. Ensuite, les suggestions du Chef de l'Etat, notamment, le retour à la nomination des gouverneurs de province par le Président de la République et le raccourcissement des délais lors de l'installation des animateurs des institutions issues des élections. Enfin, les propositions de l'Union sacrée de la nation, le camp politique du Chef de l'Etat, qui va plus loin puisqu'il souhaiterait pratiquement une refonte totale de la constitution dans l'optique de rendre les institutions nationales et provinciales plus efficaces et débarrasser le pays des prétendus articles pièges insérés, selon lui, par des étrangers dans la Constitution du 18 février 2006 en vue de préparer la balkanisation du pays. Il aurait été mieux de prolonger l'analyse à d'autres propositions, en particulier celles formulées en 2020 par un groupe de treize parlementaires (G13) et se rapportant à la restauration de deux tours du scrutin présidentiel et à la suppression des secteurs et chefferies parmi les entités territoriales décentralisées. Le Chef de l'Etat avait également évoqué, en décembre 2019, dans son discours sur l'état de la nation, la consécration de la double nationalité.

Bien que l'ouvrage n'a pas épuisé toutes les questions, il a l'avantage de documenter les débats et d'apporter une analyse critique sur le sujet. Quoiqu'il en soit, ce n'est pas pour la première fois qu'une réforme constitutionnelle est envisagée en RDC. Depuis la promulgation de la Constitution du 18 février 2006, elle est même devenue une ritournelle de la classe politique congolaise prétextant toujours fallacieusement une adaptation du dispositif constitutionnel au contexte du moment pour améliorer la gouvernance du pays, cachant ainsi des motivations politiques égoïstes de contrôle ou de conservation du pouvoir. C'est cela qui avait été réellement à l'origine de la révision constitutionnelle du 20 janvier 2011 et de plusieurs tentatives de modification qui ont échoué en 2007, 2013 et 2014 grâce à une résistance politique et citoyenne tous azimuts.

Il s'en suit que ce qui se passe actuellement sous le règne du Président Félix-Antoine Tshisekedi Tshilombo constitue une véritable réédition de l'histoire. Mais les propositions faites sont potentiellement plus inquiétantes pour quatre principales raisons.

Premièrement, au regard de l'ampleur de la réforme envisagée, il ne s'agit plus de réviser la Constitution de 2006 comme auparavant mais de la changer. Or, en droit, la mise en place d'une nouvelle constitution a normalement lieu à la naissance de l'Etat ou à la suite d'un événement brutal, comme un coup d'Etat, qui parvient à renverser l'ordre constitutionnel en place. L'hypothèse de révision totale peut certes être envisagée mais à partir du moment où elle n'est pas prévue en RDC, la Constitution de 2006 est censée être définitive, tandis que les dirigeants qui tiennent le pouvoir d'elle n'ont pas la compétence d'initier unilatéralement un processus de son remplacement par une autre au risque de commettre un coup d'Etat constitutionnel. S'il devait y avoir un changement de constitution, cela se ferait avec le concours de toutes les forces politiques et sociales du pays qui accepteraient alors ensemble de mettre fin à l'ordre constitutionnel établi.

Deuxièmement, il est évident qu'un tel changement de constitution remettrait à zéro le compteur du nombre des mandats présidentiels, ouvrant ainsi la voie à l'actuel Chef de l'Etat de candidater à un troisième mandat. C'est d'ailleurs, probablement, l'objectif inavoué de toutes les agitations autour de la Constitution de 2006 parce qu'elle consacre l'interdiction nette du troisième mandat et le caractère insusceptible de révision du nombre et de la durée du mandat présidentiel. Ces deux acquis ont pour but de lutter contre la présidence à vie et de favoriser l'alternance pacifique au sommet du pouvoir de l'Etat afin d'éviter des conflits. Mais il est fort regrettable que des anciens membres de l'opposition ayant combattu la dictature pendant la deuxième république sous le Président Mobutu soient en première ligne de la défense d'une réforme constitutionnelle aussi antidémocratique que celle envisagée mais jusqu'ici inavouée et cela, après seulement cinq ans de leur arrivée au pouvoir en 2019.

Troisièmement, l'échec de la mise en place intégrale du nouvel ordre constitutionnel post-dialogue intercongolais de Sun City et Pretoria, en Afrique du Sud, dans la mesure où on veut remplacer une constitution dont une bonne partie de dispositions n'a jamais été appliquée. C'est le cas de principaux mécanismes qui auraient permis la réussite de la décentralisation en vue de rapprocher les pouvoirs publics des gouvernés. On peut citer la retenue à la source de 40% de recettes à caractère national, à laquelle s'est substituée, selon le bon vouloir du pouvoir central, la rétrocession aux provinces. Il y a aussi le non-respect de la répartition constitutionnelle des compétences entre les deux échelons du pouvoir, Kinshasa ayant de fait confisqué, tout comme les finances de l'Etat, une partie de prérogatives des provinces, à l'instar de l'enseignement primaire et secondaire. Il y a surtout l'incapacité de mettre en place une armée républicaine et une police civile, apolitique et professionnelle comme prévue par cette Constitution. A vrai dire, c'est la culture du respect des textes qui fait défaut si bien qu'il y a lieu de se demander ce que vaudra un nouveau texte constitutionnel là où ceux qui sont censés l'appliquer n'ont pas la volonté ni la bonne foi de le faire.

Quatrièmement, l'opprobre est jeté sur la Constitution en vigueur comme étant la source de tous les malheurs et blocages de la gouvernance, cela d'une manière qui peut altérer la confiance populaire dans l'Etat de droit et inciter les citoyens à sous-estimer, bafouer et même déconsidérer leur Loi fondamentale. On dirait que tous les moyens sont bons pour faire accepter dans l'opinion l'idée d'un nouveau texte constitutionnel et parvenir à l'objectif inavoué d'affirmation du pouvoir personnel de type mobutien au profit d'un homme. Pourtant, Mobutu avait échoué et laissé le pays en ruine. On n'a pas compris les leçons de l'histoire.

En outre, on détourne l'attention des citoyens sur les problèmes réels de société que les dirigeants sont incapables de résoudre : l'insécurité généralisée à travers le pays, la paupérisation de masse, l'absence de l'autorité de l'Etat, la corruption à grande échelle et à tous les niveaux, les détournements en cascade des deniers publics sous le regard impuissant d'une justice elle-même malade et clochardisée, etc. Le simple changement de constitution n'étant pas la solution à ces problèmes, c'est plutôt dans le changement des modes et méthodes de gouvernance qu'il faut aller la chercher. Cela suppose que ce sont les dirigeants eux-mêmes qui doivent changer. L'objectif de la gouvernance de l'Etat devrait être la satisfaction de l'intérêt général, le bien-être des Congolais, surtout ceux parmi les classes défavorisées des milieux ruraux ; la construction d'une puissance au cœur de l'Afrique ; la lutte acharnée contre le néocolonialisme, et non la quête de l'argent facile, même dans l'immoralité et toute sorte de compromissions, l'enrichissement illicite, l'accumulation inconsidérée des biens matériels et la satisfaction des besoins personnels à travers des loisirs immondes.

Il est dès lors difficile de ne pas être d'accord avec l'auteur qui affirme que la motivation du discours actuel sur le changement de constitution est faible et, de toute façon, ce changement est inopportun au regard de son caractère rétrograde, divisionniste, déstabilisateur et conflictogène. Cela risque d'aggraver les conflits armés qui écument particulièrement l'Est du pays et qui représentent un risque majeur de balkanisation. Le meilleur conseil qu'il convient de donner serait, par conséquent, d'abandonner cet énième assaut politique contre la Constitution de 2006, s'y conformer et mettre en œuvre ses dispositions qui n'ont jamais été appliquées pour « refonder » l'Etat congolais. Cela ne signifie pas que cette Constitution devra rester éternelle, mais la vérité est que son remplacement n'est pas l'urgence du moment. Il faudrait, avant tout, relever la RDC et une fois que cela est fait, les débats plus sains pourront être relancés sur les éventuels aménagements de la Constitution de 2006 ou son changement avec le concours de toutes les forces politiques et sociales du pays.

En tout état de cause, une réforme antinomique avec l'ordre constitutionnel établi appelle la vigilance du juge constitutionnel. La Cour constitutionnelle congolaise a suffisamment de latitude, si elle est saisie, de censurer tout acte initiant un processus de changement de constitution en se fondant sur la Constitution 2006. Elle se sera ainsi alignée sur la jurisprudence de plusieurs autres juridictions constitutionnelles africaines, dont celles de la République centrafricaine et du Niger. C'est sur ce mot que je termine mon propos en félicitant l'auteur de ce livre pour avoir abordé une problématique d'importance capitale pour l'avenir de la RDC. Je souhaite ainsi plein succès à son livre auprès des lecteurs, de la classe politique, des animateurs d'institutions et de l'opinion publique.

Fait à Goma, le 02 novembre 2024

BALINGENE KAHOMBO

Professeur de droit public et des relations internationales africaines à l'Université de Goma
Chercheur au Centre de Recherches et d'Etudes sur l'Etat de droit en Afrique(CREEDA) et initiateur du Projet « Réseau de Partenariats pour l'Education, la Recherche et le Développement » (REPERD).

Annexes

Lancement de la campagne de sensibilisation à Kinshasa par le Forum Citoyen au Centre Metena, le 15 mai 2024. De gauche à droite de la première photo, l'auteur, Martin Fayulu et Jean-Claude Katende, tous conférenciers du jour. A l'extrême droite, Martin Milolo, le coordonnateur du Forum Citoyen et organisateur de la campagne.

Poursuite de la campagne de sensibilisation en Province. Ici à Matadi, au Kongo Central. A l'avant-plan de ces deux photos, Martin Milolo, le Coordonnateur du Forum Citoyen brandissant la Constitution congolaise.

Poursuite de la campagne de sensibilisation à Boma, au Kongo Central.

Poursuite de la campagne de sensibilisation à Kikwit, dans la Province du Kwilu.

Poursuite de la campagne de sensibilisation à Tshikapa, dans la Province du Kasaï.

Martin Milolo en pleine sensibilisation à Mbandaka, dans la Province de l'Equateur.

Bibliographie

ADAMA KPODAR et DODZI KOKOROKO, « La Cour constitutionnelle du Benin peut-il soumettre aux " options fondamentales de la Conférence nationale", le peuple dans l'exercice de son pouvoir de révision ? Commentaire croisé de la Décision DCC 11-067 du 20 octobre 2011 de la Cour constitutionnelle du Benin », *Annuaire béninois de justice constitutionnelle*, volume I, 2013, pp. 699-728.

AKELE ADAU, P., « Réponses pénales au discours du désordre ou au désordre du discours constitutionnel en République Démocratique du Congo : la Cour constitutionnelle à l'épreuve », *RADG*, Volume I, n°2 et3, 2014, pp.43-62.

BAHARANYI NACIYIMBA, S., « République Démocratique du Congo : atteinte du point d'achèvement de l'initiative Pays Pauvres Très Endettés : enjeux et perspectives », *Congo-Afrique*, n°448, octobre 2010, pp.649-661.

BALANDA MIKUIN LELIEL, G., *Les Accords de paix en République Démocratique du Congo*, Kinshasa, Cheche, 2003.

BALINGENE KAHOMBO, « La Cour suprême de Justice faisant office de Cour constitutionnelle. Esquisse du bilan de près de cinq ans sous l'empire de la Constitution congolaise du 18 février 2006 », *Librairie africaine d'études juridiques*, Vol.6, juin 2011, pp.27-49.

BALINGENE KAHOMBO, « Les fondements de la révision de la Constitution congolaise du 18 février 2006 », *KAS African Law Study Library*, vol.1, 2014, pp.428-453.

BALINGENE KAHOMBO, « La protection des minorités ethniques en République démocratique du Congo. Entre rupture et continuité des ordres constitutionnels antérieurs », http://www.hamann-legal.de, consulté le 18 novembre 2024.

BAUDOIN, M.E., « Les liens entre Révolution et Constitution à l'aune du paradigme rupture/continuité », in BAUDOIN, M.E. et BOLTON, M.(dir.), *Les Constitutions : des révolutions à l'épreuve du temps en Europe et aux Etats-Unis*, Paris, LGDJ, 2017, pp.35-55.

BOSHAB, E., « La misère de la justice et justice de la misère en République démocratique du Congo », *Revue de la recherche juridique. Droit prospectif*, vol.XXIII, n°74, 1998, pp.1163-1184.

BOSHAB, E., *Entre la révision de la Constitution et l'inanition de la Nation*, Bruxelles, Larcier, 2013.

BRAS, J.Ph., « Révolution et Constitution : le cas tunisien », in CHARLOT, P. et KLEIN, C., *Emergence de nouveaux modèles de démocratie constitutionnelle. Afrique, Proche-Orient*, Paris, Editions Mare et Martin, 2018, pp.53-72.

CC, Arrêt R. Const. 356 du 10 mars 2017.

CC, Arrêt R.Const. 891 du 29 mars 2019.

CC, Décision n°85-197 du 23 août 1985.

CC, R. Const.0094 du 19 août 2015, *Annuaire congolais de Justice constitutionnelle*, volume 1, 2016, pp.251-256.

DEBBASCH, C., *Science administrative*, 4ème éd., Paris, Dalloz, 1980.

CONAC, G., (dir), *L'Afrique en transition vers le pluralisme politique*, Paris, Economica, 1993.

CONAC, G., « Démocratie et élections », in VETTOVOGLIA, J.P. de GAUDUSSON, J.B., BOURGI, A., DESOUCHES, C., MAÏLA, J., SADA, H. et SALIFOU, A (dir), *Démocratie et élections dans l'espace francophone*, Bruxelles, Bruylant, 2010, pp.11-30.

CONAC, G., « Le juge de l'Etat en Afrique contemporaine », *Afrique contemporaine*, n°156, avril 1990, pp.13-20.

Concertations Nationales, *Rapport final du groupe thématique « Décentralisation et renforcement de l'autorité de l'Etat »*, Kinshasa, 26 septembre 2013.

DAUGERON, B., « Les électeurs sont-ils le peuple ? Peuple, citoyens, électeurs en droit constitutionnel : essai de distinction théorique », in BOUTAYEB, C.(dir.), *La Constitution, l'Europe et le droit. Mélanges en l'honneur de Jean-Claude Mas*clet, Paris, Editions de la Sorbonne, 2022, pp.155-184.

DAUGERON, B., *La notion d'élection en droit constitutionnel. Contribution à une théorie juridique de l'élection à partir du droit public français*, Paris, Dalloz, 2011.

DEMBA SY, « Le juge, la Constitution et les valeurs », in MADIOR FALL, I.(dir), *Théorie et contentieux constitutionnels en Afrique. Mélanges en l'honneur du Professeur El Hadj Mbodj, vol.2 : Contentieux constitutionnel,* Dakar, L'Harmattan-Sénégal, 2022, pp.673-683.

DJOLI ESENG'EKELI, J., « La mobilité constitutionnelle en Afrique postcoloniale : dimension structurelle et opportunisme conjoncturel. Cas de la production constitutionnelle congolaise de 1960 à 2014 », *Congo-Afrique*, n°488, octobre 2014, pp.676-699.

DJOLI ESENG'EKELI, J., *Droit constitutionnel*, tome 1. *Principes structuraux*, 2ème éd., Kinshasa, EUA, 2012.

DJOLI ESENG'EKELI, J., *Droit constitutionnel*, Tome III : *Régimes politiques comparés*, Kinshasa, DJES, 2016.

DJOLI ESENG'EKELI, J., *Droit constitutionnel. L'expérience congolaise(RDC)*, Paris, L'Harmattan, 2013.

ESAMBO KANGASHE, J.L., *La Constitution du 18 février 2006 à l'épreuve du constitutionnalisme. Contraintes pratiques et perspectives*, Louvain-la-Neuve, Academia-Bruylant, 2010.

ESAMBO KANGASHE, J.L., *Traité de droit constitutionnel congolais,* Paris, L'Harmattan, 2017.

FATIN-ROUGE STEFANINI, M., GAY, L. et VIDAL NAQUET, A.(dir), *L'efficacité de la norme juridique. Nouveau vecteur de légitimité ?*, Bruxelles, Bruylant, 2012.

GEROLD, G., « RD Congo : l'échec des pouvoirs provinciaux, une nouvelle étape dans la déconstruction de la troisième République », *Les Cahiers de l'Est/East African Review*, vol.48, 2014, pp.69-72.

GREWE, C. et RUIZ FABRI, H., *Droits constitutionnels européens*, Paris, PUF, 1995.

GUASTINI, R., « Identité de la Constitution et limites à la révision constitutionnelle (le cas colombien) », in Le PILLOUER, A. (dir), *La protection de la Constitution. Finalités, mécanismes, justifications*, Poitiers, Presses universitaires juridiques, 2018, pp. 127-133.

HAMMAN, H., *La conception allemande de l'Etat de droit et ses manifestations concrètes*, Kinshasa, CREEDA, 2018.

HENNEBEL, L. et TIGROUDJA, H., *Traité de droit international des droits de l'Homme*, 2ème éd., Paris, Pédonne, 2018.

IDGPA, *Comprendre la Constitution de la République Démocratique du Congo pour mieux la respecter et la protéger*, Kinshasa, 2015.

IYELEZA MOJU-MBEY et alii, *Recueil des textes constitutionnels de la République du Zaïre. Du 19 mai 1960 au 28 mai 1991*, Kinshasa, Ise Consult, 1991.

KABAMBA, B., « La révision de l'article 220 : Bob Kabamba fixe l'opinion », *Le potentiel*, n°5869 du 6 juillet 2013.

KABANGE NTABALA, « Organisation d'un parti politique : aspects juridiques », in MABIALA MANTUBA-NGOMA (dir), *Organisation et fonctionnement des partis politiques en RDC*, Kinshasa, Publications de la Fondation Konrad Adenauer, 2004, pp.9-22.

KABASU BABU KATULONDI, *Gouverner une province en RD Congo : le Kasaï occidental dans les griffes du régime Kabiliste*, Johannesbourg, Global Ubuntu Publications, 2013.

KALUBA DIBWA, D., *La justice constitutionnelle en République Démocratique du Congo. Fondements et modalités d'exercice*, Kinshasa-Louvain-la-Neuve, Eucalyptus-Academia-L'Harmattan, 2013.

KALUBA DIBWA, D., MUKOLO NKOKESHA, J.P. et MATADIWAMBA KAMBA MUTU, Th., *Tendances jurisprudentielles de la Cour constitutionnelle. Discours de la rentrée judiciaire de la Cour constitutionnelle*, Kinshasa, 16 octobre 2021.

KAMUKUNY MUKINAY, A. et CIHUNDA HENGELELA, J., « Régionalisation, décentralisation et naissance effective des vingt-cinq nouvelles provinces en RD Congo : défis et perspectives de prévention des conflits », *Congo-Afrique*, n432, février 2009, pp.295-310.

KAMUKUNY MUKINAY, A., *Droit constitutionnel congolais*, Kinshasa, EUA, 2011.

KAPINGA K. NKASHAMA, S., « Cour constitutionnelle face à l'ordonnance n°15/081 portant nomination des Commissaires spéciaux du gouvernement dans les nouvelles provinces (R. Const. 168, Affaire Katako Babandoa et consorts) », *Annuaire congolais de justice constitutionnelle*, volume 1, 2016, pp.379-393.

KENGO Wa DONDO, « Le magistrat et son statut », *Revue juridique du Zaïre*, numéro spécial, 1975, pp.9-40.

KLEIN, L., « Démocratie constitutionnelle et constitutionnalisme démocratique : essai de classification des théories juridiques de la démocratie », *Revue française de droit constitutionnel*, n°109, mars 2017, pp.121-141.

Le DIVELLEC, A et de VILLIERS, M., *Dictionnaire du droit constitutionnel*, 11ème éd, Paris, Sirey, 2017.

LE POURHIET, A.M., « Les minorités en droit constitutionnel français », in *Démocratie et liberté : tension, dialogue, confrontation. Mélanges en l'honneur de Slobodan Milacic*, Bruxelles, Bruylant, 2008.

LINDA MALONE, A., *Les droits de l'Homme dans le droit international*, Paris, Nouveaux Horizons, 2004.

Loi n°11/002 du 20 janvier 2011 portant révision de certains articles de la Constitution de la République démocratique du Congo du 18 février 2006, *Journal officiel de la RDC*, 52ème année, numéro spécial, 5 février 2011.

Loi n°13/026 du 15 octobre 2013 portant organisation et fonctionnement de la Cour constitutionnelle, *JORDC*, 59ème année, numéro spécial, Juin 2018.

LOUBET DEL BAYLE, J.L., *Introduction aux méthodes des sciences sociales*, Toulouse, Primat, 1989.

LUCIANI, M., « Le contrôle de constitutionnalité des lois constitutionnelles en Italie », *Cahiers du Conseil constitutionnel*, n°27, Janvier 2010, p.4.

MABAKA MUKWABUHIKA, P. et SEFU THSI-B'EM WADJIBOU, D., *La Constitution de la République Démocratique du Congo du 18/02/2006. Risques et prospectives*, Paris, Editions publisud, 2016.

MABAKA MUKWABUHIKA, P., *Une Nouvelle Constitution pour un Congo Restauré*, Paris, Ed. Espérance, 2024.

MABI MULUMBA, E., « Décentralisation et problématique de la fiscalité », *Congo-Afrique*, n°432, février 2009, pp.126-134.

MABIALA MANTUBA NGOMA, « Le fédéralisme dans l'histoire politique du Zaïre », in NGOMA BINDA, P.(dir), *Pour une démocratie fédéraliste au Zaïre* ?, Kinshasa, Publications de l'Institut de Formation et d'Etudes politiques, 1992, pp.26-51.

MAMPUYA KANUNK'a-TSHIABO, A., *Traité de droit international public*, Kinshasa, Mediaspaul, 2016.

MANBY, B., *La nationalité en Afrique*, Londres-Paris, Open Society Foundations-Karthala, 2011.

MATHIEU, B. et VERPEAUX, M., *Contentieux constitutionnel des droits fondamentaux*, Paris, LGDJ, 2002.

MBATA BETUKUMESU MANGU, A., « Inconstitutionnalité d'un troisième mandat présidentiel : leçons de la Cour constitutionnelle du Benin à d'autres cours constitutionnelles africaines », *RADG*, vol. I., n°4, 2014, pp.133-147.

MBATA BETUKUMESU MANGU, A., « Monarchies présidentielles et révisions constitutionnelles : le syndrome du troisième mandat ou d'une présidence à vie dans les Etats membres de l'Union Africaine », *Revue Africaine de la Démocratie et de la Gouvernance*, volume I, n°1, 2014, pp.47-66.

MBATA BETUKUMESU MANGU, A., « Perspectives du constitutionnalisme et de la démocratie en République Démocratique du Congo sous l'empire de la Constitution du 18 février 2006 », in BULA SAYEMAN(dir), *Pour l'épanouissement de la pensée juridique congolaise. Liber Amicorum Marcel-Antoine Lihau,* Bruxelles-Kinshasa, Bruylant-PUK, 2006, pp.185-224.

MBATA BETUKUMESU MANGU, A., « Suprématie de la Constitution, indépendance du pouvoir judiciaire et gouvernance démocratique en République Démocratique du Congo », in BAKANDEJA wa MPUNGU, G., MBATA BETUKUMESU MANGU, A. et KIENGE INTUDI, R.(dir), *Participation et responsabilité des acteurs dans un contexte d'émergence démocratique en République Démocratique du Congo. Actes des journées scientifiques de la faculté de droit de l'Université de Kinshasa, 18-19 juin 2007,* Kinshasa, PUK, 2007, pp.393-406.

MBATA BETUKUMESU MANGU, A., *Education à la citoyenneté. Manuel d'enseignement*, 2ème éd., Kinshasa, Galimage, 2011.

MBAYA-NGANG KUMABUENGA, *Droit constitutionnel et tradicentrisme des institutions politiques du Zaïre 1960-1997*, Kinshasa, Ergo sum, 1997.

MBEBWA KALALA, JP., « La stratégie nationale de décentralisation et de développement : analyse et perspectives », *Afrique et Développement*, vol.28, FCK, 2008, pp.9-16.

MBODJ, E.H., « Emergence de la culture constitutionnelle inclusive en Afrique. Expérience vécue du processus d'élaboration de la Constitution de la République démocratique du Congo du 18 février 2006 », in SALL, A. et FALL, I.M.(dir), *Actualités du droit public et de science politique en Afrique. Mélanges en l'honneur de Babacar Kanté,* Dakar, L'Harmattan-Sénégal, 2017, pp.221-263.

MOUDOUDOU, P., *La Constitution en Afrique*, Brazzaville, Les éditions Hémar, 2014.

MPONGO BOKAKO BAUTOLINGA, *Institutions politiques et droit constitutionnel*, Tome 1 : *Théorie générale des institutions politiques de l'Etat*, Kinshasa, EUA, 2001.

N'GBANDA NZAMBO ko ATUMBA, H., *Ainsi sonne le glas ! Les derniers jours du Maréchal Mobutu*, Paris, Gideppe, 1998.

NDAYWEL e NZIEM, I., « Avant-projet d'une Nouvelle Constitution de la République Démocratique du Congo (adaptation du projet de Constitution de la Conférence Nationale Souveraine, Deuxième partie : Loi fondamentale régionale) », *Congo-Afrique*, n°575, Mai 2023, pp.474-507.

NDAYWEL e NZIEM, I., « Avant-projet d'une Nouvelle Constitution de la République Démocratique du Congo (adaptation du projet de Constitution de la Conférence Nationale Souveraine) », *Congo-Afrique*, n°574, avril 2023, pp.330-392.

NDAYWEL e NZIEM, I., « Du territoire en quête d'Etat à l'Etat maitre du territoire: pour une nouvelle Constitution de la

RDC », Conférence-débat, Kinshasa, Collège Boboto, 19 aout 2023.

NGOMA BINDA, P., « La culture du respect des textes et de la parole donnée. Condition de réussite de l'Etat de droit et de la démocratie », *Congo-Afrique*, n°407, septembre 2006, pp.298-309.

NGOMA BINDA, P., « Unitarisme et fédéralisme : concepts, avantages, inconvénients et option pour le zaïre », in NGOMA BINDA, P.(dir), *Pour une démocratie fédéraliste au Zaïre* ?, Kinshasa, Publications de l'Institut de Formation et d'Etudes politiques, 1992, pp.1-24.

NGONDANKOY NKOY-ea-LONGYA, P.G., « La problématique de la révision ou du changement de Constitution », http://www.lepotentielonline.com , consulté en décembre 2016.

NGONDANKOY NKOY-ea-LONGYA, P.G., *Le contrôle de constitutionnalité en République Démocratique du Congo. Etude critique d'un système de justice constitutionnelle dans un Etat à forte tradition autocratique*, Thèse de doctorat, Université Catholique de Louvain, Faculté de droit, 2008.

NGUYA-NDILA MALENGANA, C., *Frontières et voisinage en République Démocratique du Congo*, Kinshasa, CEDI, 2006.

NIAMH GAYNOR, « Gouvernance locale, conflits et consolidation de la paix en République Démocratique du Congo », *Rapport de recherche élaboré en collaboration avec le programme Gouvernance et Genre de Trocaire RDC*, juin 2013.

Nouvelle Constitution et mandat de 7 ans pour Félix Tshilombo, http://lecongoquonaime.com , consulté le 29 septembre 2023.

NTUMBA LUABA LUMU, « Expériences des fédéralismes américain, allemand et suisse », in NGOMA BINDA, P.(dir), *Pour une démocratie fédéraliste au Zaïre* ?,

Kinshasa, Publications de l'Institut de Formation et d'Etudes politiques, 1992, pp.82-92.

NTUMBA LUABA LUMU, *Droit constitutionnel général*, Kinshasa, EUA, 2005.

NZONGOLA NTALAJA, G., *Faillite de la gouvernance et crise de la construction nationale au Congo-Kinshasa. Une analyse des luttes pour la démocratie et la souveraineté nationale*, Kinshasa-Montréal-Washington, Icredes, 2015.

Ö. KABOGLU, I., « Le contrôle juridictionnel des amendements constitutionnels en Turquie », *Cahiers du Conseil constitutionnel*, n°27, Janvier 2010, pp.1-6.

OBOTELA RASHIDI, N., « Afrique-Actualités », *Congo-Afrique*, n°437, septembre 2009, pp.555-556.

PFERSMANN, O., « Révolutions constitutionnelles, analyses doctrinales et justifications jurisprudentielles », in CHARLOT, P. et KLEIN, C., *Emergence de nouveaux modèles de démocratie constitutionnelle. Afrique, Proche-Orient*, Paris, Editions Mare et Martin, 2018, pp.29-51.

PINON, S., « La participation populaire directe au pouvoir constituant. Regards sur le droit étranger », in BALAGUER CALLEJON, F., PINON, S. et VIALA, A. (dir), *Le pouvoir constituant au XXIème siècle,* Paris, Institut Universitaire Varenne, 2017, pp. 183-214.

PUNGA KUMAKINGA, P., « Autonomie des provinces et problématique du principe constitutionnel de la retenue à la source de 40% des recettes à caractère national. Essai d'évaluation à mi-parcours », in KUMBU ki NGIMBI, J.M.(dir), *La décentralisation territoriale en République Démocratique du Congo. Bilan et perspectives*, Kinshasa, Editions de la Campagne Nationale des Droits de l'Homme au Congo, 2014, pp.135-146.

PUNGA KUMAKINGA, P., « Le peuple et la suprématie constitutionnelle sous l'empire de la Constitution congolaise du 18 février 2006 », in MANZANZA LUMINGU, Y.J., MIKAMBU LUTONDO, B.A. et

PONZO B. KABAMBA, P.(dir), *Intellectuels et responsabilité sociale. Mélanges en l'honneur du Professeur Ignace Matensi Takikangu*, Paris, L'Harmattan, 2022, pp.275-300.

PUNGA KUMAKINGA, P., « Les interventions du Fonds Monétaire International en République Démocratique du Congo : base juridique, bilan et perspectives », *Librairie africaine d'études juridiques*, Volume 11, juillet 2012, pp.49-69.

PUNGA KUMAKINGA, P., *Constitutions et constitutionnalisme en Afrique. Cas de la République Démocratique du Congo*, Mémoire de licence, Université de Kinshasa, Faculté de Droit, 2005.

Rapport général du Colloque international sur la Gouvernance des provinces organisé par l'Université de Lubumbashi, Lubumbashi, 12-13 juin 2023.

ROUSSEAU, D., *Droit du contentieux constitutionnel*, 6ème éd., Paris, Montchrestien, 2001.

SCOOPRDC, « Révision constitutionnelle : Jean-Pierre Lihau évoque la raison de l'hyper-institutionnalisation », http://www.scooprdc.net , consulté le 1er novembre 2024.

SEGIHOBE BIGIRA, J.P., « Le droit des minorités dans la vacuité de sa positivité. L'articulation congolaise à la fluctuation internationale », http://www.dhdi.free.fr/recherches/etudesdiverses/articles/segihobeminorites.pdf, consulté le 18 novembre 2024.

TREMBLAY, L., « Deux thèses sur la démocratie et le constitutionnalisme : la souveraineté du peuple et l'engagement préalable », *Revue de droit de l'Université Sherbrooke*, n°41, 2011, pp.583-605.

TSHISEKEDI, F., « Interview accordée à Christian Lusakweno de *Top Congo* et Baudouin Baweti de *Congoindépendant,* Bruxelles, le 6 aout 2024 », http://www.mediatopcongo.com , consulté le 11 aout 2024.

TUSSEAU, G., *Contentieux constitutionnel comparé. Une introduction critique au droit processuel constitutionnel*, Paris, LGDJ, 2021.

VUNDUAWE te PEMAKO, F. et MBOKO DJ'ANDIMA, J.M., *Droit constitutionnel du Congo. Textes et documents fondamentaux*, vol.2, Louvain-la-Neuve, L'Harmattan-Academia, 2013.

VUNDUAWE te PEMAKO, F. et MBOKO DJ'ANDIMA, J.M., *Traité de droit administratif de la République Démocratique du Congo,* 2ème éd., Bruxelles, Bruylant, 2020.

VUNDUAWE te PEMAKO, F., *Traité de droit administratif*, Bruxelles, Larcier, 2007.

WETSH'OKONDA KOSO SENGA, M., *Les Perspectives des droits de l'Homme dans la Constitution congolaise du 18 février 2006,* Kinshasa, Editions de la Campagne pour les Droits de l'Homme au Congo, 2006.

WETSH'OKONDA KOSO, M., *La protection des droits de l'homme par le juge constitutionnel congolais. Analyse critique et jurisprudence (2003-2013),* Paris, L'Harmattan, 2016.

Table des matières

Dédicace..**9**

Remerciements...**11**

Préface..**13**

Introduction..**31**

Chapitre Premier Les facteurs justificatifs d'un changement constitutionnel..**39**

Section I. L'absence d'un espace ou cadre d'expression des libertés et droits fondamentaux des citoyens.............**39**

§1. L'ordre constitutionnel et institutionnel de la deuxième République..40

§2. L'ordre politique de la deuxième République............42

Section II. L'amenuisement de tout espoir du bien-être socio-économique...**43**

Conclusion...**45**

Chapitre Deuxième Les garanties de l'état de droit démocratique dans la constitution du 18 février 2006........**47**

Section I. Les garanties constitutionnelles de l'Etat de droit..**48**

§1. L'obligation de respecter la Constitution et les lois de la République...49

§2. Le contrôle et la sanction des actes des pouvoirs publics par le juge...50

1° Le contrôle des actes du législateur 51

2° Le contrôle des actes de l'exécutif..............................54

3° Le contrôle des actes juridictionnels...........................56

Section II. Les garanties constitutionnelles de la démocratie 59

§1. La consécration solennelle des droits et libertés fondamentaux 59

§2. Le principe de séparation des pouvoirs, des élections libres et du pluralisme politique 61

1° Le principe de séparation et de l'équilibre des pouvoirs 61

2° Le principe d'élections libres, pluralistes et démocratiques 66

3° Le principe du pluralisme et de l'opposition politiques 69

Conclusion 71

Chapitre Troisième Les faiblesses des arguments mobilisés en faveur du changement constitutionnel 73

Section I. Les arguments en faveur du changement constitutionnel en provenance des milieux scientifiques et universitaires 73

§1. La thèse du changement constitutionnel défendue par Placide Mabaka Mukwabuhika 73

1. Une forme de l'Etat monstre 74

2. Un régime politique générateur d'instabilité politique et institutionnelle 77

3. Une Constitution encline à la violation de la laïcité et de la liberté de conscience 80

§2. La thèse du changement constitutionnel défendue par Isidore Ndaywel e Nziem 81

1. La forme fédérale de l'Etat congolais 82

2. L'aménagement d'une capitale politique à Kisangani..87

Section II. Les arguments en faveur du changement constitutionnel en provenance des milieux politiques 88

§1. La thèse du changement constitutionnel défendue par le Président Félix Tshisekedi 88

1. La nomination des Gouverneurs de province par le Président de la République 89
2. Le retard pris dans le processus d'installation des institutions après les élections 96
§2. La thèse du changement constitutionnel défendue par les acteurs politiques de l'Union sacrée..........................101
1. La recherche d'efficacité des institutions tant nationales que provinciales..101
3. La levée de la limitation des mandats présidentiels....108
4. Les prétendus articles-pièges exposant le pays au démantèlement et au pillage de ses ressources naturelles 112

Chapitre quatrième Les risques d'un processus constituant confisqué..133

Section I. La rupture du pacte constitutionnel républicain constitutif du Nouvel Ordre politique issu du compromis de Sun City 133

Section II. Le risque de la résurgence des violences et conflits armés 136

Conclusion générale..139

Appendice..141

L'inconstitutionnalité de tout projet de referendum visant la neutralisation de l'article 220 de la constitution................141

Section I. Contre l'argument de la souveraineté du peuple pour réviser l'article 220 de la Constitution 141

Section II. La sanction d'inconstitutionnalité contre tout projet de loi référendaire de révision de la Constitution 146

Postface..153

Annexes..159

Bibliographie..165

Structures éditoriales du groupe L'Harmattan

L'Harmattan Italie
Via degli Artisti, 15
10124 Torino
harmattan.italia@gmail.com

L'Harmattan Hongrie
Kossuth l. u. 14-16.
1053 Budapest
harmattan@harmattan.hu

L'Harmattan Sénégal
10 VDN SICAP AMITIE 3
BP 45034 Dakar-Fann
direction@senharmattan.com

L'Harmattan Cameroun
Tsinga/Derrière polyclinique FECAFOOT
BP 11486 Yaoundé
Jacques.koukam@harmattan.fr

L'Harmattan Burkina Faso
Villa 281, secteur 23 623, rue 14.32
Ouagadougou
zagbie@outlook.fr

L'Harmattan Guinée
Almamya, rue KA 028 OKB Agency
BP 3470 Conakry
harmattanguinee@yahoo.fr

L'Harmattan RDC
185, avenue Nyangwe
Commune de Lingwala – Kinshasa
matangilamusadila@yahoo.fr

L'Harmattan Congo
219, avenue Nelson Mandela
BP 2874 Brazzaville
deunovmikhael@gmail.com

L'Harmattan Mali
Immeuble Mgr Jean Marie Cissé
Aci Hamadallaye
BP 145 Bamako
syllaka@yahoo.fr

L'Harmattan Togo
Djidjole – Maison Amela
face EPP BATOME
02 BP 20680 Lomé
didieramela11@gmail.com

L'Harmattan Côte d'Ivoire
Résidence Karl – Cité des Arts
Abidjan-Cocody
03 BP 1588 Abidjan
harmattan.ivoire@gmail.com

L'Harmattan Bénin
Rue 604, (Immeuble à l'entrée
de la rue UCAO- Cite de Saint-Jean)
Cotonou
stepcorpus@gmail.com

Nos librairies en France

Librairie internationale
16, rue des Écoles
75005 Paris
librairie.internationale@harmattan.fr
01 40 46 79 11
www.librairieharmattan.com

Librairie des savoirs
21, rue des Écoles
75005 Paris
librairie.sh@harmattan.fr
01 46 34 13 71
www.librairieharmattansh.com

www.ingramcontent.com/pod-product-compliance
Lightning Source LLC
LaVergne TN
LVHW021211061026
849535LV00008B/2677
9782336514420